Pema Chödrön

Wie wir leben, so sterben wir

arkana

Pema
Chödrön

Wie wir leben, so sterben wir

Im Fluss des
Werdens und Vergehens
wahre Freiheit finden

Herausgegeben von Joseph Waxman

Aus dem amerikanischen Englisch
von Claudia Seele-Nyima

arkana

Die amerikanische Originalausgabe ist 2022 unter dem Titel
»How We Live Is How We Die« bei Shambhala erschienen.
This edition published by arrangement with Shambhala Publications,
Inc., Boulder, Colorado, USA.

MIX
Papier | Fördert gute Waldnutzung
FSC® C014496

Penguin Random House Verlagsgruppe FSC® N001967

3. Auflage
Deutsche Erstausgabe

in der Penguin Random House Verlagsgruppe GmbH,
Neumarkter Straße 28, 81673 München
produktsicherheit@penguinrandomhouse.de
(Vorstehende Angaben sind zugleich
Pflichtinformationen nach GPSR.)

Originally published in 2022 by Shambhala Publications, Inc.
Lektorat: Pascal Frank
Umschlaggestaltung: ki 36 Editorial Design, München, Daniela Hofner
Umschlagmotiv: © shutterstock/VerisStudio
Satz: Satzwerk Huber, Germering
Druck und Bindung: GGP Media GmbH, Pößneck
Printed in Germany
ISBN 978-3-442-34301-0

www.arkana-verlag.de

Dieses Buch ist
mit Liebe und großer Dankbarkeit
meiner lieben Schwester, Patricia Billings, gewidmet,
die im Februar 2020 mit 91 Jahren starb

Inhalt

»Fünfmal am Tag den Tod zu betrachten macht glücklich.«

Bhutanisches Sprichwort

Einleitung

Der Buddha hat seinen Schülern bekanntlich geraten, nicht alles, was er sagte, zu glauben, ohne es vorher selbst zu prüfen. Er wollte keine Dogmen verbreiten, sondern uns darin unterstützen, eigene Erfahrungen zu machen. »Nehmt mich nicht einfach beim Wort«, sagte er. »Prüft meine Lehren, so wie ein Goldschmied Gold auf Echtheit prüft.« So lehrte der Buddha beispielsweise, dass es zu Leid und Angst führt, wenn wir zu sehr auf unsere eigenen Interessen bedacht sind; und zu Freude und Frieden, wenn wir unsere Liebe und Fürsorge für andere noch mehr ausweiten – sogar auf Fremde oder Menschen, die uns Schwierigkeiten bereiten. Das ist eine Lehre, die wir durch unsere eigene Erfahrung überprüfen können. Wir können mit ihr experimentieren und sie je nach Bedarf so oft testen, bis wir überzeugt sind.

Dagegen gehören die Lehren, die in diesem Buch vorgestellt werden, allem Anschein nach in eine andere Kategorie. Das tibetische Wort *Bardo*, das noch häufig auftauchen wird, bezieht sich gemeinhin auf den Zwischenzustand nach dem Tod und vor dem nächsten Leben. Doch wie können wir anhand der eigenen Erfahrung prüfen, was nach unserem Tod geschieht? Wie können wir verifizieren, ob es ein nächstes Leben gibt? In den folgenden Kapiteln finden Sie Beschreibungen von strahlend bunten Lichtern, von ohrenbetäubenden Geräuschen, von Hungergeistern, von friedvollen und zornvollen Gottheiten.

Wie ist es möglich, solche Lehren so zu prüfen, wie ein Goldschmied Gold auf seine Echtheit prüft?

Es ist nicht meine Absicht, Sie dazu zu bringen, dass Sie der tibetischen Weltanschauung Glauben schenken und solche Darstellungen als endgültige Wahrheit in Bezug auf das, was nach Ihrem Tod geschieht, ansehen. Zu sagen, etwas sei definitiv »so« oder »so«, trifft die Sache nicht. Nach meinem Empfinden widerspricht das dem Geist der Lehren des Buddha. Gleichwohl befassen sich viele verständige Menschen der heutigen Zeit mit den Bardo-Lehren und nehmen sie ernst – nicht als wissenschaftliches Thema, sondern als eine Quelle tiefer Weisheit, die ihr Leben bereichert. Es mag zwar für uns nicht möglich sein, diese traditionellen Lehren auf Grundlage unserer eigenen Erfahrungen zu bestätigen, aber dennoch: Wenn wir das Wesen der Bardo-Lehren erfassen, dann können sie uns nicht nur nach dem Tod zugutekommen, sondern schon in diesem Jahr, an diesem Tag, in diesem Augenblick, und zwar unabhängig davon, ob wir an die tibetische Weltanschauung glauben oder nicht.

Diese Lehren basieren auf einem alten tibetischen Text namens *Bardo Tödrol*, dessen Titel zunächst als *The Tibetan Book of the Dead* (»Das tibetische Totenbuch«) ins Englische übersetzt wurde, aber wörtlich »Befreiung durch Hören im Zwischenzustand« bedeutet. Das *Bardo Tödrol* soll jenen, die gestorben und in diesen Zwischenzustand eingetreten sind, vorgelesen werden. Es beschreibt die verschiedenen Erfahrungen, die der verstorbene Mensch durchlaufen wird, und soll ihn somit leiten, damit er sich auf dem verwirrenden Weg von diesem Leben ins nächste zurechtfindet. Dahinter steht die Vorstellung, dass es die Chancen auf einen friedlichen Tod, einen friedvollen Übergang und eine gute Wiedergeburt verbessert, wenn man das *Bardo Tödrol* hört. Im besten Fall erlangt man die vollständige Befreiung aus dem Samsara, dem leidvollen Kreislauf von Geburt und Tod.

Der Begriff *Bardo* wird gewöhnlich mit dem Zwischenzustand zwischen den Leben in Zusammenhang gebracht, aber eine weiter gefasste Übersetzung des Wortes ist einfach »Übergang« oder »Zwischenraum«. Die Reise nach unserem Tod ist *ein* solcher Übergang, aber bei näherer Betrachtung unserer Erfahrung werden wir feststellen, dass wir uns stets im Übergang befinden. In jedem Augenblick unseres Lebens geht etwas zu Ende, und etwas anderes beginnt. Das ist kein esoterisches Konzept. Wenn wir darauf achten, dann ist es unverkennbar das, was wir erfahren.

Das *Tibetische Totenbuch* führt sechs Bardos auf: den natürlichen Bardo dieses Lebens, den Bardo des Träumens, den Bardo der Meditation, den Bardo des Sterbens, den Bardo der *Dharmata* und den Bardo des Werdens.

Eben jetzt befinden wir uns im natürlichen Bardo dieses Lebens. Und wie ich in diesem Buch immer wieder herausstellen werde, liegt genau dort, im natürlichen Bardo dieses Lebens, unsere Arbeit. Wenn wir erkennen, dass dieses Leben ein Bardo ist – ein Zustand kontinuierlicher Veränderung –, können wir uns allen anderen Bardos stellen, wie fremdartig sie auch sein mögen.

Der Bardo des Sterbens beginnt, wenn wir erkennen, dass wir sterben, und dauert bis zum letzten Atemzug. Darauf folgt der Bardo der *Dharmata*, also der »wahren Natur der Erscheinungen«. Schließlich gibt es noch den Bardo des Werdens, in dem wir den Übergang zum nächsten Leben vollziehen. Im vorliegenden Buch werde ich ausführlich über diese drei Bardos sprechen und dabei auch die Verbindung zu Erfahrungen herstellen, die wir im Lauf unseres Lebens machen und die uns besser vertraut sind.

Im Folgenden möchte ich möglichst so schreiben, dass Sie diese Lehren, unabhängig von Ihren jeweiligen Überzeugungen, sinnvoll und hilfreich finden. Gleichzeitig möchte ich Sie ermuntern, sich auch für die weniger vertrauten Aspekte dieser Belehrungen zu öffnen, wie mein Lehrer Dzigar Kongtrul Rinpoche zu sagen pflegt. Ich habe festgestellt, dass mein größtes persönliches Wachstum immer dann stattfindet, wenn Geist und Herz eher neugierig als skeptisch sind. Meine Hoffnung ist, dass Sie mit einer ähnlichen Einstellung an die Lektüre dieses Buches herangehen.

Wenn wir lernen, den kontinuierlichen Fluss der Übergänge im jetzigen Leben zu meistern, dann sind wir, ganz unabhängig von unserer Weltanschauung, auf den Tod und alles, was danach kommen mag, vorbereitet. Meine Lehrer, angefangen bei Chögyam Trungpa Rinpoche, haben mir zahlreiche Anleitungen gegeben, wie ich dabei vorgehen kann. Ich selbst habe die Erfahrung gemacht, dass mir das Anwenden dieser Bardo-Lehren einen Großteil meiner Furcht und meiner Angst vor dem Tod genommen hat. Aber genauso wichtig ist: Durch diese Schulung fühle ich mich im Umgang mit dem, was ich in meinem täglichen Leben erfahre, lebendiger, offener und mutiger. Darum möchte ich diese Lehren und den Nutzen, den sie bringen, an Sie weitergeben.

1

Der erstaunliche Fluss von Geburt und Tod

Dies ist ein Buch über die Angst vor dem Tod. Genauer gesagt stellt es eine Frage: Wie gehen wir mit der grundlegendsten aller Ängste um, der Angst vor dem Tod? Manche verbannen den Gedanken an ihn aus dem Kopf und tun so, als würden sie ewig leben. Andere sagen sich, dass nur das Leben zählt, da der Tod in ihren Augen gleichbedeutend ist mit dem Nichts. Wieder andere werden zu Gesundheits- und Sicherheitsfanatikern und richten ihr Leben darauf aus, das Unausweichliche so lange wie möglich hinauszuzögern. Dass Menschen sich voll und ganz für ihren unvermeidlichen Tod öffnen – und für jegliche dadurch vielleicht aufkommende Angst – und danach leben, kommt hingegen nicht so häufig vor. Ich habe festgestellt, dass diejenigen, die eine solche Offenheit entwickelt haben, sich mehr auf das Leben einlassen und dankbarer sind für das, was sie haben. Sie sind weniger in ihre eigenen Dramen verstrickt und haben eine positivere Wirkung auf andere wie auch auf den Planeten insgesamt. Hierzu gehören meine Lehrer ebenso wie die Weisen aller spirituellen Traditionen der Welt. Aber auch für viele gewöhnliche Menschen gilt, dass sie den Tod weder leugnen noch davon besessen sind, sondern im Einklang mit dem sicheren Wissen leben, dass sie diese Welt eines Tages verlassen werden.

Vor einigen Jahren habe ich am Omega-Institut in Rhinebeck, New York, ein Wochenendseminar zu diesem Thema abgehalten. Wie eine Teilnehmerin mir gestand, reagierte sie spontan mit der Bemerkung »So ein Quatsch«, als sie hörte, dass ich über Tod und Sterben sprechen würde. Am Ende des Kurses wurde ihr jedoch klar, dass das Thema das ganze Leben verändert. Dadurch, dass ich diese Lehren an Sie, liebe Leserinnen und Leser, weitergebe, kann ich hoffentlich dazu beitragen, dass Ihnen der Tod vertrauter wird, Sie im Umgang mit ihm gelassener werden und mehr im Einklang mit dem leben können, was Ihnen früher Angst gemacht hat – und dass Sie leichter von »Quatsch!« zu einem Durchbruch gelangen können.

Mein zweites Ziel hängt eng damit zusammen: Offenheit für den Tod zu entwickeln, soll Ihnen helfen, offen für das Leben zu werden. Wie ich auf den folgenden Seiten noch häufiger wiederholen werde, ist der Tod nicht nur etwas, das am Ende unseres Lebens eintritt. Der Tod ereignet sich in jedem Augenblick. Wir leben in einem erstaunlichen Fluss von Geburt und Tod. Das Ende einer Erfahrung ist der Beginn der nächsten Erfahrung, die ihrerseits schnell zu Ende geht und zu einem neuen Anfang führt. Es ist wie ein kontinuierlich strömender Fluss.

Normalerweise widersetzen wir uns diesem Fluss, indem wir auf die eine oder andere Weise versuchen, unsere Erfahrung zu verfestigen. Wir wollen etwas – irgendetwas – finden, an dem wir uns festhalten können. Hier lautet die Anweisung, sich zu entspannen und loszulassen.

Der Übungsprozess besteht darin, dass wir uns daran gewöhnen, in diesem kontinuierlichen Fluss da zu sein. Auf diese Weise können wir mit unserer Angst vor dem Tod und vor dem Leben arbeiten und zulassen, dass sie verfliegen. Es gibt natürlich keine Garantie – Sie können Ihr Geld nicht zurückverlangen, wenn es doch nicht dazu kommt oder länger dauert, als

Ihnen lieb ist. Aber ich selbst habe mich langsam in diese Richtung bewegt und meine, Sie können das auch.

In der Mahayana-Tradition des Buddhismus, der ich angehöre, beginnt jedes Studium, jede Praxis oder andere positive Aktivität mit der Betrachtung des höheren Ziels. So könnten wir zum Beispiel darüber nachsinnen, welchen Nutzen es für unsere unmittelbare Umgebung, für die Menschen in unserem Leben – und sogar darüber hinaus – hat, mit dem Fluss von Geburt und Tod Freundschaft zu schließen. Wir könnten darüber nachdenken, inwiefern sich unser immer entspannteres Verhältnis zum Leben und zum Tod positiv auf alles auswirkt, was uns begegnet.

Um zu veranschaulichen, wie sehr alles auf der Welt miteinander verbunden ist, sagen Chaostheoretiker, dass der Flügelschlag eines Schmetterlings am Amazonas das Wetter in Europa beeinflusst. Genauso wirkt sich unser Geisteszustand auf die Welt aus. Wir wissen, wie er die Menschen um uns herum beeinflusst. Wenn man jemandem einen finsteren Blick zuwirft, erhöht sich die Wahrscheinlichkeit, dass die Person ihrerseits jemanden finster anschaut. Lächelt man dagegen jemanden an, fühlt er sich gut und wird mit größerer Wahrscheinlichkeit andere anlächeln. Ähnlich verhält es sich, wenn man zu einer gelasseneren Einstellung gegenüber der Vergänglichkeit des Lebens und der Unausweichlichkeit des Todes findet: Dann überträgt sich diese Gelassenheit auch auf andere.

Jede positive Energie, die wir uns oder anderen zufließen lassen, schafft eine Atmosphäre der Liebe und des Mitgefühls, die immer weitere Kreise zieht – wer weiß, wie weit? Wenn wir das im Sinn behalten, können wir bei dieser Erkundung des Todes auf das Beste in uns zurückgreifen, auf das, was die Ängste und Schmerzen unserer Mitmenschen sensibel wahrnimmt und helfen möchte. Zur Förderung einer solchen Einstellung können wir diese Reise durch die Bardos dem Wohlergehen mindestens einer anderen Person widmen, die Schwierigkeiten hat. Schreiben Sie zu Beginn doch einfach ein paar Namen auf und fügen Sie im Lauf der Zeit weitere hinzu. Am Ende haben Sie vielleicht eine Liste mit vielen Seiten.

Milliarden Menschen auf diesem Planeten brauchen Fürsorge und Unterstützung. Wünschen wir ihnen, dass jeder unserer Fortschritte ihnen auf irgendeine Art etwas von der Hilfe gibt, die sie brauchen. Vielleicht können wir nur wenigen Menschen direkt helfen, aber alle können in unsere Wünsche einbezogen werden.

Uns auf diese Weise zu motivieren, ist bekannt als »*Bodhichitta* hervorbringen« – das Herz des Mitgefühls, oder wie Dzigar Kongtrul Rinpoche es nennt, »die Geisteshaltung des Erwachens«. Wir schulen uns nicht nur deswegen im Dharma, um uns selbst zu helfen, sondern auch, um der Welt zu helfen.

2

Kontinuierliche Veränderung

Manche glauben, dass das Bewusstsein im Moment des Todes endet. Andere glauben, dass es fortbesteht. Einig sind sich jedoch alle darin, dass die Dinge während unserer jetzigen Lebenszeit auf jeden Fall weitergehen. Und dabei verändern sie sich unablässig. Ständig endet etwas, und ständig entsteht etwas neu. Es ist ein kontinuierlicher Prozess von Tod und Erneuerung, Tod und Erneuerung. Diese Erfahrung, die alle Lebewesen machen, wird bekanntlich als »Vergänglichkeit« oder »Unbeständigkeit« bezeichnet. Wie der Buddha betonte, ist das Betrachten der Vergänglichkeit eine der wichtigsten Kontemplationen auf dem spirituellen Weg. »Von allen Spuren sind die des Elefanten besonders herausragend«, sagte er. »Genauso ist von allen Themen der Meditation ... die Vorstellung der Vergänglichkeit unübertroffen.«

Die Vergänglichkeit zu betrachten ist der perfekte Weg in die Bardo-Lehren und in die Lehren über den Tod insgesamt. Denn dass sich alles kontinuierlich verändert, ist im Vergleich zu diesen schwierigeren Themen leicht zu erkennen und zu verstehen. Die Jahreszeiten, die Tage, die Stunden des Tages ändern sich. Wir selbst wandeln uns die ganze Zeit und erleben von einem Augenblick zum nächsten viele Veränderungen. Das geschieht überall um uns herum und in uns, rund um die Uhr, ohne auch nur einen Augenblick aufzuhören.

Doch aus irgendeinem Grund verstehen wir das nicht ganz. Wir verhalten uns tendenziell so, als wären die Dinge fester gefügt, als sie es tatsächlich sind. Wir haben die Illusion, dass das Leben so bleibt, wie es jetzt ist. Ein anschauliches Beispiel aus jüngster Zeit ist die Coronapandemie. Wir hielten es für selbstverständlich, dass der Lauf der Welt sich auf eine bestimmte Weise fortsetzen würde, doch dann wurde plötzlich alles solcherart auf den Kopf gestellt, wie wir es uns nie hätten vorstellen können.

Trotz unserer lebenslangen Erfahrung mit Veränderungen hört etwas in uns niemals auf, auf Stabilität zu beharren. Jede Veränderung, selbst eine zum Besseren, kann uns aus der Fassung bringen, weil sie unsere grundlegende Unsicherheit in Bezug auf das Leben offenlegt. Wir glauben lieber, dass wir festen Boden unter den Füßen haben, als zu erkennen, dass alles immer im Wandel begriffen ist. Eher leugnen wir die Realität des ständigen Wandels, als zu akzeptieren, wie die Dinge sind.

Auch bei unseren emotionalen Zuständen halten wir an dem Gefühl fest, sie seien dauerhaft. Ob wir uns gut oder schlecht fühlen, ob wir glücklich oder traurig, optimistisch oder pessimistisch sind – wir neigen dazu zu vergessen, dass Gefühle flüchtig sind. Es ist, als hielte uns ein Mechanismus davon ab, daran zu denken, dass alles immer im Fluss ist. Der derzeitige Zustand der Angst oder der Hochstimmung scheint dann einfach dem zu entsprechen, wie unser Leben ist. Sind wir glücklich, stellt sich Enttäuschung ein, sobald dieses gute Gefühl schwindet; und wenn wir unglücklich sind, fühlen wir uns in unangenehmen Emotionen gefangen. Ob wir uns also gut oder schlecht fühlen, unsere Illusion der Beständigkeit führt zu Problemen.

Der Buddha sprach über unsere Schwierigkeiten, die Vergänglichkeit zu akzeptieren, als er die drei Arten des Leidens lehrte. Er nannte die erste Art »das Leiden des Leidens«. Das sind die offenkundigen Qualen des Krieges, des Hungers, der furchteinflößenden Umgebung, des Missbrauchs, der Vernachlässigung, des tragischen Verlustes oder einer Reihe schwerer Krankheiten. An so etwas denken wir normalerweise, wenn wir von »Schmerz« oder »Leiden« sprechen. Menschen und Tiere, die in einer solchen Situation sind, geraten nahezu pausenlos von einem Leiden ins nächste.

Manche Menschen haben das Glück, das offenkundige Leiden des Leidens nicht zu erleben. Verglichen mit dem, was andere durchmachen, geht es ihnen in ihrem gegenwärtigen Leben recht gut. Aber es bleibt trotzdem noch das Leiden, das aus der Tatsache resultiert, dass nichts von Dauer ist. Wir freuen uns, doch die Freude wechselt sich mit Enttäuschung ab. Wir erleben Erfüllung, aber sie wechselt sich mit Langeweile ab. Wir erleben Genuss, aber er wechselt sich mit Unbehagen ab. Diese Wechsel und all die damit einhergehenden Hoffnungen und Ängste sind selbst eine große Quelle des Schmerzes.

Diese zweite Art des Leidens, die der Buddha einfach »das Leiden der Veränderung« nannte, lauert in unserem Inneren als das schmerzliche Wissen, dass wir niemals wirklich alles haben können, was wir wollen. Wir können nie ein für alle Mal erreichen, dass unser Leben so ist, wie wir es haben wollen. Nie können wir an einen Punkt gelangen, an dem wir uns immer gut fühlen. Vielleicht sind wir manchmal zufrieden und fühlen uns wohl, aber wie meine Tochter einmal sagte: »Das ist das Problem.« Weil es bei uns oft genug gut läuft, kehren wir immer wieder zu der falschen Hoffnung zurück, wir könnten es bewahren, damit es so weitergeht. Wir denken: »Wenn ich nur alles richtig mache, kann ich mich immer großartig fühlen!« Ich glaube, das ist unter anderem ein Grund für Drogenmissbrauch und all unsere anderen Abhängigkeiten. Die zugrunde liegende Sucht ist der Traum von dauerhafter Freude und Annehmlichkeit.

Alle Religionen und Weisheitstraditionen der Welt sprechen davon, dass es vergeblich ist, nach Glück zu streben und dabei auf Dinge zu setzen, die nicht von Dauer sind. Wenn wir solche Lehren hören, überraschen sie uns nicht, und eine Zeit lang haben wir vielleicht sogar das Gefühl, von ihnen überzeugt zu sein. Möglicherweise finden wir es sogar lächerlich, auf so fruchtlose Weise nach Glück zu streben. Doch sobald wir wieder an etwas Neues denken, das wir haben wollen, werfen wir all diese Weisheiten über Bord. Und dann ist es nur eine Frage der Zeit, bis die Vergänglichkeit die brandneue Anschaffung oder Errungenschaft wieder verdirbt. Selbst wenn wir am nächsten Morgen keinen Kaffee darauf verschütten, vergeht unsere Freude nach einiger Zeit in nicht allzu ferner Zukunft.

Das klassische Beispiel ist das Verliebtsein. Anfangs ist es das größte Hochgefühl, das man sich nur vorstellen kann. Von da an kann es leicht in größte Enttäuschung umschlagen. Wenn das Hochgefühl nachlässt, müssen die Liebenden – falls sie zusammenbleiben wollen – ihre Enttäuschung überwinden und ihre Beziehung vertiefen. Viele Paare meistern diesen Übergang wunderbar, aber selbst dann ist das absolut großartige Gefühl vorbei, das zwei Menschen, die sich ineinander verlieben, anfangs haben.

Die dritte Art des Leidens, das sogenannte »alles durchdringende Leiden«, spielt sich auf einer tieferen, subtileren Ebene ab als die ersten beiden. Es handelt sich um das ständige Unbehagen, das von unserem grundlegenden Widerstand gegen das Leben, wie es wirklich ist, herrührt. Wir wünschen uns zwar festen Boden unter den Füßen, der uns Halt gibt, doch das ist einfach nicht vorgesehen. Denn in Wirklichkeit verhält es sich so: Nichts kommt jemals zum Stillstand, nicht einmal einen Augenblick. Bei genauem Hinsehen erkennen wir, dass selbst die scheinbar beständigsten Dinge sich fortwährend verändern. Alles ist in Bewegung, und wir wissen nie, in welche Richtung es geht. Wenn sich selbst Berge und Felsen auf unvorhersehbare Weise bewegen und verändern, wie könnten wir dann in irgendetwas Sicherheit finden? Dieses ständige Gefühl der Bodenlosigkeit und Unsicherheit durchdringt unauffällig jeden Augenblick unseres Lebens. Es ist das subtile Unbehagen, das sowohl dem Leiden des Leidens als auch dem Leiden der Veränderung zugrunde liegt.

Auch hier können wir wieder das Sichverlieben betrachten. Ein großer Teil des Nervenkitzels liegt darin, dass diese neue Liebe etwas Frisches in unser Leben bringt. Die ganze Welt fühlt sich frisch an. Doch die Zeit vergeht, und wir wollen, dass alles ganz genau so bleibt, wie es uns gefällt. Das ist der Zeitpunkt, an dem das alles durchdringende Leiden sein Haupt erhebt und die Flitterwochenphase zu Ende geht. Wenn das Neue und Frische nachlässt, fallen den Liebenden allmählich bestimmte Dinge auf, wie zum Beispiel, dass der oder die andere geizig oder überkritisch ist. In irgendeiner Weise wird der Schleier gelüftet, und sie ärgern sich zunehmend übereinander, einfach weil sie so sind, wie sie sind. Als Nächstes versuchen sie oft, sich gegenseitig zu verbessern und den Partner, die Partnerin zum Vorteilhaften hin zu verändern. Doch dieser Ansatz macht es nur noch schlimmer. Eine Beziehung kann nur dann wirklich funktionieren, wenn beide fähig sind, die Gegebenheiten anzunehmen und so, wie sie sind, miteinander zu arbeiten. Das bedeutet, einen Teil ihres allgemeinen Widerstands gegen das Leben, wie es ist, zu überwinden, statt auf einem Leben, wie sie es gerne hätten, zu beharren.

Oft hören wir Äußerungen wie »Keine Sorge, es wird schon alles klappen«. Ich habe so etwas immer als einen Versuch verstanden, uns zu versichern, dass die Situation schließlich entsprechend *unseren* Wünschen »klappen« wird. Aber sehr oft kommt es nicht so, wie wir es gerne hätten, und selbst wenn es so kommt, ist unsere Freude nur von kurzer Dauer. Und sehr häufig bekommen wir das, was wir *nicht* wollen. Ach, die Wechselfälle des Lebens!

Trungpa Rinpoche hatte dazu einen Spruch: »Vertraue nicht auf den Erfolg. Vertraue auf die Realität.« Zu glauben, dass es so kommen wird, wie wir wollen, heißt »auf den Erfolg vertrauen« – Erfolg zu unseren Bedingungen. Aus eigener Erfahrung wissen wir jedoch sehr genau, dass Erfolg nichts Verlässliches ist. Manchmal kommt es tatsächlich so, wie wir es uns wünschen, manchmal aber auch nicht. »Auf die Realität vertrauen« ist eine viel offenere, entspanntere Einstellung. Die Realität wird eintreten, so oder so. Darauf können wir uns verlassen. Es ist sehr tiefgreifend und gleichzeitig völlig unkompliziert. »Realität« bezieht sich auf die Dinge, wie sie sind, frei von unseren Hoffnungen und Ängsten. Mit diesem Wissen können wir offen sein für Freude und Schmerz, Erfolg und Misserfolg – was völlig im Gegensatz steht zu dem Gefühl, alles hätte sich gegen uns verschworen, wenn es mit einer Bewerbung nicht klappt, eine Liebesbeziehung nicht zustande kommt oder wir krank werden. Das ist ein radikaler Ansatz, der unserer üblichen Sichtweise völlig zuwiderläuft. Wir können sowohl für Erwünschtes als auch für Unerwünschtes offen sein. Wir wissen, dass beides sich ändern wird, so wie sich das Wetter ändert. Und wie gutes und schlechtes Wetter, so gehören auch Erfolg und Misserfolg gleichermaßen zum Leben.

Das alles durchdringende Leiden beruht auf unserem ständigen Kampf: dagegen, dass alles ganz offen ist, dass wir nie wissen, was kommt, dass unser Leben nicht festgeschrieben ist, sondern sich erst nach und nach entfaltet, und dass wir nur sehr wenig tun können, um es zu kontrollieren. Diesen

Kampf spüren wir wie ein ständiges Summen der Angst im Hintergrund unseres Lebens. All das kommt daher, dass alles vergänglich ist. Alles im Universum ist im Fluss. Der feste Boden, auf dem wir gehen, verändert sich von Augenblick zu Augenblick.

Doch wie Thich Nhat Hanh gesagt hat: »Nicht die Vergänglichkeit bewirkt, dass wir leiden. Wir leiden, weil wir wollen, dass die Dinge dauerhaft sind, obwohl sie es nicht sind.«[1]

Wir können uns entweder weiterhin gegen die Realität sträuben oder aber lernen, zu einer anderen Sichtweise zu gelangen und das Leben als dynamisch und lebendig, als ein wunderbares Abenteuer zu sehen. Dann sind wir wirklich mit der Frische jedes Augenblicks in Kontakt, egal ob wir unseren Partner für vollkommen halten oder nicht. Wenn wir die kontinuierliche Veränderung so annehmen können, werden wir spüren, wie das Summen der Angst leiser wird und langsam, ganz langsam verklingt.

3

Eine Erinnerung, die vorübergeht

Bei einigen der von mir geleiteten Retreats rezitieren wir morgens diesen Spruch: »Wie eine Sternschnuppe, eine optische Täuschung, eine Kerzenflamme, ein Trugbild, einen Tautropfen, eine Wasserblase, einen Traum, einen Blitz, eine Wolke: So betrachte die bedingten Dharmas.« Mithilfe dieses Satzes können wir uns einprägen, dass alles vergänglich ist, damit wir uns daran gewöhnen – und damit wir lernen, uns mit der Vergänglichkeit anzufreunden. Mit »bedingten Dharmas« ist alles Entstandene gemeint: alles, was begonnen hat, sich im Wandel befindet und an einem bestimmten Punkt enden wird, mit anderen Worten: sämtliche Erscheinungen. Alles unter der Sonne hat die flüchtige Qualität eines Tautropfens oder eines Blitzes. Bei den Retreats empfehle ich den Teilnehmern, diesen Spruch auswendig zu lernen, damit sie ihn bei ihren Spaziergängen in der Umgebung und nach ihrer Heimreise für sich rezitieren und über ihn nachsinnen können.

Die Erkenntnis, dass alles vergänglich und jeder Augenblick neu ist, bedeutet, dass wir uns stets in einem Übergangszustand, einem Zwischenzustand befinden – in dem, was wir »Bardo« nennen. Vor einigen Jahren saß ich mit Anam Thubten Rinpoche, einem tibetischen Lehrer, den ich sehr bewundere, beim Mittagessen. Ich hatte eine ganze Liste voller Fragen zum Bardo und zu Aussagen des *Tibetischen Totenbuchs* mitgebracht. Als ich ihm meine Fragen stellte, sagte er irgendwann: »Wissen Sie, Ani Pema, wir sind immer im Bardo.« Trungpa Rinpoche hatte auch schon von dieser Auffassung gesprochen, doch ich wollte Anam Thubtens Erklärung erfahren, also sagte ich: »Na ja, Rinpoche, wir sitzen hier zusammen beim Mittagessen. Wie kann das denn der Bardo sein?«

Ich habe schon an anderer Stelle etwas zu seiner Antwort geschrieben, aber sie hat mich so beeindruckt, dass es sich meiner Ansicht nach lohnt, sie zu wiederholen: »Heute Morgen«, sagte er, »bin ich mit einem Freund in den Kunstladen gegangen, um Material zum Kalligrafieren zu besorgen. Wir haben etwas Tinte, Pinsel und Papier gekauft. Jetzt erscheint mir diese Erfahrung wie ein vergangenes Leben, ein ganzes eigenständiges Leben. Es hatte einen Anfang, der wie eine Geburt war. Anschließend hielt es eine Weile an und durchlief verschiedene Phasen: Wir sahen uns im Laden um, suchten das Material aus und bezahlten es. Dann gingen mein Freund und ich auseinander, und dieses Leben endete. Jetzt ist das alles nur noch eine Erinnerung, und ich sitze hier beim Mittagessen mit Ihnen und genieße ein weiteres Leben. Bald wird auch dieses Leben zu Ende gehen und zu einer weiteren Erinnerung werden. Und dieser Prozess der Anfänge und Enden, Geburten und Tode hört niemals auf. Er geht immer weiter und weiter, ewig.«

Wir befinden uns immer in einem Bardo, denn die Vergänglichkeit macht niemals Pause. Es gibt keinen Moment, in dem wir nicht im Übergang sind – und ob Sie es glauben oder nicht, das ist eine gute Nachricht. Die Elemente, die diesen einzigartigen Moment Ihres Lebens ausmachen, sind alle irgendwann entstanden; bald werden sie sich auflösen, und diese Erfahrung wird vorbei sein. Gerade jetzt sitzen Sie vielleicht in einem Sessel und lesen dieses Buch, oder Sie hören die Audioversion im

Auto. Wo auch immer Sie sich befinden, herrscht ein bestimmtes Licht vor, Sie riechen bestimmte Gerüche und hören bestimmte Geräusche im Hintergrund. Vor einer Stunde haben Sie wahrscheinlich etwas ganz anderes getan, etwas, an das Sie sich nur teilweise erinnern können. In einer Stunde wird auch diese gegenwärtige Erfahrung eine Erinnerung sein. Wir befinden uns immer in einem Zwischenzustand – zwischen der Vergangenheit und der Zukunft, zwischen der Erinnerung an das, was vorher geschehen ist, und der kommenden Erfahrung, die bald ebenfalls eine Erinnerung sein wird.

Mein Mittagessen an jenem Tag mit Anam Thubten wird sich nie wiederholen. Selbst wenn ich ein weiteres Mal mit ihm am selben Ort zu Mittag esse und wir dieselben Speisen zu uns nehmen und über dieselben Themen sprechen, werden wir das Geschehen vom letzten Mal nie wiederholen können. Diese Stunde ist für immer vorbei.

Die kontinuierliche Veränderung zu betrachten ist eine eindrückliche Erfahrung. Es kann traurig oder beängstigend sein. Manchmal, wenn ich in einem langen Retreat bin und jeden Tag mehr oder weniger dasselbe tue, fällt mir plötzlich auf: »Heute ist schon wieder Sonntag? Wie kann das denn sein? Es war doch gerade erst Sonntag!« Ich möchte, dass die Zeit langsamer vergeht. Die Geschwindigkeit, mit der sie fortschreitet, raubt mir einfach den Atem. Dieses Gefühl ist jetzt, im Alter, besonders stark ausgeprägt. Wenn ich an meine Kindheit zurückdenke, war der Sommer so lang. Nun ist er in einem Wimpernschlag vorbei. Es ist gut, dieses Gefühl einsinken zu lassen; dieses verletzliche, zarte Gefühl sollten wir spüren und zulassen.

Es ist ganz natürlich, dass wir bei dem Gedanken, wie die Zeit vergeht und all unsere Erfahrungen verblassen, traurig oder ängstlich sind. Wie Trungpa Rinpoche es treffend ausdrückte, sind all unsere Erfahrungen »eine Erinnerung, die vorübergeht«. Es kann herzzerreißend sein, wenn man merkt, dass Tod und Verlust kontinuierlich stattfinden. Es kann uns erschüttern, wenn wir erkennen, dass wir uns stets in einem Zwischenraum befinden. Solche Gefühle sind jedoch kein Anzeichen dafür, dass etwas nicht in Ordnung ist. Wir brauchen sie nicht wegzuschieben. Wir brauchen sie nicht als negativ abzustempeln oder in irgendeiner Weise abzulehnen. Stattdessen können wir ein offenes Herz dafür entwickeln, dass im Zusammenhang mit Vergänglichkeit unangenehme Gefühle in uns aufkommen. Wir können lernen, mit diesen Gefühlen zu sitzen, können neugierig auf sie werden und sehen, was Verletzlichkeit uns zu geben hat. Denn genau in dieser Angst, in dieser Melancholie liegt unser mitfühlendes Herz, unsere unermessliche Weisheit, unsere Verbindung zu allen anderen Lebewesen auf diesem Planeten, von denen jedes seine jeweils eigenen Bardos durchläuft. Wenn wir präsent bleiben – bei unserer vorübergehenden Erfahrung und all dem, was die Tatsache, dass sie flüchtig ist, hervorruft –, dann kommen wir in Kontakt mit unserem mutigeren Selbst, unserer tiefsten Natur.

Eine Schülerin im Bardo-Retreat von Gampo Abbey hatte zu einem tiefgreifenden, mutigen Umgang mit dieser Art von Traurigkeit und Unbehagen gefunden. »Im Zwischenraum zu sein ist unangenehm«, sagte sie. »Es fühlt sich an wie ein Ort, an dem man nicht sein will. Ich glaube aber, dass man dennoch genau dort sein möchte. Man will einen Weg finden, damit zu leben, und das erfordert viel Mut, Entschlossenheit und Engagement.«

Ihre Worte fassen für mich zusammen, mit welcher Geisteshaltung wir lernen, Vergänglichkeit anzunehmen. Anstatt unsere Traurigkeit als Problem aufzufassen, können wir sie als ein Zeichen dafür betrachten, dass wir auf der richtigen Spur sind. Wir verstehen allmählich die Stimmung oder Eigenschaft, die bewirkt, dass wir nicht gerne in einem Zustand der Bodenlosigkeit bleiben. Wir spüren unmittelbar unseren Widerstand gegen den kontinuierlichen Fluss des Lebens.

Wenn wir uns stetig daran gewöhnen, mit diesem Fluss präsent zu sein, entwickeln wir allmählich das Vertrauen, dass wir groß genug sind, die Traurigkeit auszuhalten. Nach und nach lernen wir, auf die Realität zu vertrauen, statt auf »Erfolg« zu hoffen. Das ist eine Frage der Übung, man baut gewissermaßen Tag für Tag Muskeln auf. Wenn wir so üben, ganz neu an unsere Existenz heranzugehen, dann können wir allen Geschehnissen – ob erwünscht oder unerwünscht, Gesundheit oder Krankheit, Leben oder Tod – heiter und gelassen begegnen.

4

Wie wir leben, so sterben wir

Meine Freundin Judith war Mitte 30, verheiratet und hatte zwei kleine Kinder. Es war herzzerreißend, als Krebs im Endstadium bei ihr diagnostiziert wurde. Zunächst durchlief sie die klassischen frühen Phasen, um sich mit dem Sterben auseinanderzusetzen: Nicht-wahrhaben-Wollen, Zorn und so weiter. Dann zog die Familie in eine Kleinstadt in Colorado, in der Nähe der Stadt, in der Judith aufgewachsen war, und mietete dort ein Haus. Die ganze Familie und eine gute Freundin nahmen sich eine Auszeit, um bei Judith zu sein und sie zu unterstützen. Die Kinder gingen weiter zur Schule, konzentrierten sich davon abgesehen aber vor allem auf ihre Mutter. Sie sprachen alle offen über den Tod. Zum Glück hatte Judith Zeit, sich an die Tatsache zu gewöhnen, dass sie sterben würde. Sie las die Bardo-Lehren, sann darüber nach und machte sich mit den Stadien des Sterbens vertraut wie auch mit der Vorstellung, dass der Tod in jedem Augenblick stattfindet. Die Zeit verging, und sie wurde immer glücklicher. »Das ergibt nicht den geringsten Sinn«, sagte sie. »Meine kleinen Kinder spielen hier, und ich bin einfach nur unglaublich glücklich.«

Als sie kränker wurde, füllte sich ihre Lunge mit Flüssigkeit, und sie musste in einem Liegesessel schlafen. Eines Morgens lag sie ganz entspannt darin, Mann und Freundin an ihrer Seite.

Plötzlich deutete sie auf ihren Mund. Sie fragten sie, ob sie etwas Wasser wolle, aber sie schüttelte den Kopf. Nach einigen weiteren Vermutungen sagte ihr Mann: »Willst du mir sagen, dass du nicht sprechen kannst?« Sie nickte. Dann deutete sie auf ihre Augen. Auch hier brauchte es einige Rateversuche, bis sie verstanden, dass sie nicht sehen konnte. Ihr Mann rief sofort den Arzt. Aber sie lag einfach nur da, glücklich lächelnd, die Ruhe selbst. Sie wusste, dass sie starb, und sie ging. Sie konnte zulassen, dass die Vergänglichkeit sich entfaltete, ohne sich dagegen zu wehren. Bevor sie krank wurde, hätte sich niemand vorstellen können, dass sie so sanft abtreten würde – diese hitzköpfige rothaarige junge Frau mit ihrer scharfen Zunge. Aber am Ende hat sie es wunderbar geschafft. So würde ich auch gerne sterben.

Wenn Sie schon bei mehr als einem Menschen zum Zeitpunkt des Sterbens dabei waren, dann wissen Sie, wie unterschiedlich das Ende jeweils sein kann. Ich habe erlebt, dass Menschen froh losgelassen haben, ohne Kampf, so wie Judith. Sie waren in der Lage, sich einfach darauf einzulassen. Ich habe aber auch miterlebt, dass jemand sich bis zur letzten Minute dagegen gewehrt und praktisch durchgehend geschrien hat. Das war eine beängstigende Erfahrung für mich. Als ich das sah, dachte ich: »Wenn ich jetzt etwas tun kann, um mich vorzubereiten, dann will ich es tun.«

Ich kann nicht mit Sicherheit sagen, was nach dem Tod passiert, aber ich bin mir ganz sicher, dass ich nicht so sterben möchte, als würde mich jemand in ein schwarzes Loch stoßen. Darum habe ich mich über die Jahre hinweg sehr bemüht, auf meinen unvermeidlichen Tod hin zu praktizieren. Die Vorstellung der Wiedergeburt finde ich einleuchtend, und wenn man mich fragt, ob ich daran glaube, sage ich Ja. Aber ich füge gerne hinzu: »Falls sie sich doch als falsch erweisen sollte, bin ich bereit.«

Dennoch: Obwohl wir vielleicht glauben, dass wir bereit sind, können wir es nicht wissen, bis unsere Zeit gekommen ist. Vor einigen Jahren habe ich einen Virtual-Reality-Test gemacht, um zu sehen, wie ich mich in verschiedenen beängstigenden Situationen verhalten würde. Beim Fliegen habe ich gut abgeschnitten. Mit Reptilien und Spinnen kam ich zurecht. Aber es gab eine Simulation, bei der man in einem Aufzug etwa vierzig Stockwerke hochfuhr, dann öffneten sich die Türen, und man trat hinaus auf ein Brett. Man sollte bis zum Rand vorgehen und dann springen. Außerhalb der Simulation befand ich mich in einem kleinen Raum der Universität und stand auf einem Brett, das fest auf dem Boden lag. Aber meine Handflächen waren so nass geschwitzt, dass ich kaum die Steuerelemente halten konnte, die ich eigentlich bedienen sollte. Ich bewegte mich zentimeterweise vorwärts, so als wäre ich wirklich in 40 Stockwerken Höhe unterwegs, und als ich den Punkt des Abspringens erreichte, war ich gelähmt. Nach einer blamabel langen Zeit schaffte ich den Sprung, der in Wirklichkeit aus einer Höhe von zwei Zentimetern über dem Boden erfolgte.

Inzwischen würde ich gerne noch einmal über das Brett gehen – nicht, weil es beim ersten Mal so viel Spaß gemacht hat, sondern weil es mich auf den Tod vorbereiten könnte. Das nächste Mal würde ich mir sagen: »Du stehst noch nicht mal drei Zentimeter über dem Boden. Wenn du herunterspringst, passiert dir nichts, auch wenn es so wirkt, als wärst du in vierzig Stockwerken Höhe und sähest ganz weit unten all die winzigen Autos. Dies ist ein nützlicher Realitätscheck. Die Bodenlosigkeit, die du jetzt spürst, gleicht dem Gefühl, das du haben wirst, wenn du stirbst. Gewöhn dich lieber jetzt schon daran.«

Ungewissheit, Unsicherheit und Bodenlosigkeit mögen wir nicht. Wir sind nicht darauf aus, verletzlich und ungeschützt zu sein. Solche Gefühle sind uns unangenehm, und wir tun unser

Möglichstes, um sie zu vermeiden. Dennoch sind derartige Gemütszustände stets vorhanden, wenn nicht offensichtlich, so doch zumindest unterschwellig im Hintergrund. Bis zu einem gewissen Grad haben wir immer das Gefühl, in der 40. Etage auf einem Brett zu stehen. Das ist das alles durchdringende Leiden, das der Buddha beschrieben hat.

An verschiedenen Punkten unseres Lebens spüren wir die Bodenlosigkeit ganz akut. Wir ziehen an einen neuen Ort, die Kinder verlassen das Haus, oder wir erhalten plötzlich schlechte Nachrichten. Eine Überschwemmung, ein Wirbelsturm oder ein Feuer fegt unser bisheriges Leben in wenigen Stunden hinweg. Oder wir müssen aus der Heimat fliehen, wie damals die Tibeter und wie heutzutage unzählige Menschen. Wir werden zum Flüchtling und nehmen nichts mit außer dem, was wir tragen können, und vielleicht nicht einmal das. Manchmal geschieht es völlig unerwartet. Aus heiterem Himmel verlieren wir unsere Heimat, unser Land, unsere Bräuche und Traditionen. Und was dann? Das Leben geht weiter, und wir finden uns an einem neuen Ort wieder, an dem wir uns schutzlos fühlen.

Meine eigene intensivste Erfahrung der Bodenlosigkeit war ziemlich unbedeutend im Vergleich zu dem, was so vielen in der heutigen Zeit widerfährt. Dennoch wurde mein altvertrautes Leben davon völlig aus den Angeln gehoben. Es ist viele Jahrzehnte her, da kündigte mein Mann plötzlich an, er wolle mich verlassen. In einem Moment war ich noch in einer langjährigen Ehe, im nächsten Moment nicht mehr. Eine Zeit lang verlor ich völlig die Orientierung und wusste nicht, wer ich war. Ich habe diese Geschichte schon oft erzählt, weil dies in gewisser Weise der Wendepunkt in meinem Leben war, der mich auf den spirituellen Weg brachte. Sosehr ich auch wollte, dass alles wieder so wurde wie vorher, spürte ich dennoch intuitiv, dass ich ein großes Geschenk erhalten hatte.

Ich fühlte mich zwar schrecklich, dachte aber trotzdem immer wieder, dass dies die Chance meines Lebens sei. Irgendetwas hatte mich freigegeben und mich an einem fruchtbaren, ungeheuer bedeutungsträchtigen Ort zurückgelassen, an dem alles passieren konnte und ich jede Richtung einschlagen konnte, die ich wollte. Fast so, als wäre ich wieder 20 und hätte das Gefühl, die Welt stünde mir offen. Natürlich schwankte ich eine Weile zwischen dem Gefühl der grenzenlosen Möglichkeiten und dem überwältigenden Wunsch, zum Vertrauten zurückzukehren. Doch in diesem Fall bestand nicht die geringste Chance, dass es jemals wieder so wurde wie vorher. Meine einzige Option war, mit so viel Mut, wie ich aufbringen konnte, ins Unbekannte vorzustoßen.

Plötzliche, schockierende Übergänge können unsere Welt zwar auf den Kopf stellen, doch keine Erfahrung der Bodenlosigkeit ist so stark und beunruhigend wie das Ende unseres Lebens. Wenn wir dem Tod so gelassen entgegengehen wollen wie Judith, können wir versuchen, die anderen Turbulenzen des Daseins als »Chance unseres Lebens« zu sehen. Große Verwerfungen und Umschwünge bringen jene Wahrheit ans Licht, die all unseren Erfahrungen zugrunde liegt: dass es nichts Verlässliches gibt, an dem man sich festhalten kann, und dass unser Gefühl einer festen, beständigen Realität nur eine Illusion ist. Jedes Mal, wenn diese Seifenblase zum Platzen gebracht wird, haben wir die Gelegenheit, uns noch mehr daran zu gewöhnen, wie die Dinge nun einmal sind. Wenn wir das als Chance begreifen, sind wir in einer guten Position, unserem Lebensende ins Auge zu sehen und offen zu sein für das, was als Nächstes kommt.

Wie wir leben, so sterben wir. Für mich ist das die grundlegendste Botschaft der Bardo-Lehren. Unser jetziger Umgang mit kleineren Veränderungen weist darauf hin, wie wir später mit größeren Veränderungen umgehen werden. Unsere Reaktion auf Zerfall und Zusammenbruch lässt im Voraus ahnen, wie wir reagieren, wenn es bei unserem Tod zum Zusammenbruch kommt.

Wir brauchen jedoch nicht so lange zu warten, bis große Veränderungen uns zwingen, uns mit der Bodenlosigkeit auseinanderzusetzen. Wir können sofort damit beginnen, die Vergänglichkeit jedes Tages und jeder Stunde bewusst wahrzunehmen und über Anam Thubtens Worte nachzudenken, dass wir immer wieder Ende und Anfang, Ende und Anfang durchlaufen, ein Mini-Leben nach dem anderen.

Zugleich können wir damit arbeiten, dass wir uns generell vor Kontrollverlust fürchten. Meistens verharren wir lieber in der Illusion der Kontrolle und Gewissheit, als zuzugeben, dass Leben und Tod immer unvorhersehbar sind. Ich habe mich tatsächlich schon oft gefragt: »Ist es wirklich ein Problem, dass wir so wenig Kontrolle haben? Ist es ein Problem, dass ein geplanter Tag selten entsprechend unseren Erwartungen verläuft? Ist es ein Problem, dass Pläne alles in allem auf tönernen Füßen stehen?« Ich hatte mein ganzes Jahr schon verplant, als Covid zuschlug, und wie bei Millionen anderer Menschen waren all meine Pläne plötzlich weggewischt wie Geschriebenes von einer Tafel.

Im Lauf der Jahre hören wir von anderen Kleinigkeiten, die eine große Wirkung haben. Einmal sagte jemand zu mir fast beiläufig: »Das Leben hat seine eigene natürliche Choreografie.« Ich dachte lange darüber nach und begann, diese natürliche Choreografie zu erschließen und damit zu experimentieren, wie sie wirkte. Ich habe festgestellt: Wenn ich sie einfach in Ruhe lasse, ist das, womit die Choreografie aufwartet, meistens viel inspirierender, kreativer und interessanter als alles, was mein Verstand sich ausdenken könnte.

Von Vertrauen in die natürliche Choreografie des Lebens zu sprechen ist nur eine andere Form, von Vertrauen in die Realität zu sprechen. Und das können wir entwickeln, indem wir uns erst einmal zugestehen, im Kleinen loszulassen. Beim Lehren experimentiere ich gerne damit, die Dinge sich einfach entfalten zu lassen. Bevor ich die Vorträge hielt, die in dieses Buch eingeflossen sind, verbrachte ich viel Zeit damit, etwas über die Bardos zu lesen und darüber nachzudenken, und machte mir zahlreiche Notizen. Doch als dann beim Retreat der Moment kam, vor die Menschen zu treten und zu sprechen, nahm ich meine Notizen nicht mit und war gespannt, ob ich überhaupt etwas sagen würde. Ich habe dann festgestellt, dass meine Lehren besser fließen, wenn ich einfach den Schritt in den offenen Raum tue und springe.

Wenn wir nach bestem Vermögen damit experimentieren, die Dinge sich ganz natürlich entwickeln zu lassen, werden wir sicherlich angenehm überrascht. Wir machen zwar weiterhin Pläne, sind aber offen dafür, dass sie sich ändern. Infolgedessen beharren wir immer weniger darauf, dass alles vorhersehbar sein soll. Manchmal ist unsere alte Gewohnheit noch zu verführerisch, und es ist fast unmöglich, auf die natürliche Choreografie zu vertrauen. In solchen Fällen ist es – entsprechend dem besten Rat, den ich jemals dazu erhalten habe – sinnvoll, unseren Kontrolldrang wahrzunehmen und wohlwollend anzuerkennen. Das ist etwas ganz anderes, als achtlos alles festlegen zu wollen, ohne dass uns bewusst ist, was wir da eigentlich tun, und ohne zu merken, wie absurd das ist. Dabei geht es nur darum, unsere Gewohnheit zu erkennen, ohne uns dafür zu kritisieren. Eine solche einfache Selbstreflexion lässt auch Mitgefühl in uns aufkommen für all die anderen, die unbedingt alles unter Kontrolle haben wollen – also so gut wie jeder Mensch auf diesem Planeten.

Wenn wir uns jeden Tag ein bisschen an die grundlegende Bodenlosigkeit des Lebens gewöhnen, wird es sich am Lebensende enorm auszahlen. Obwohl kontinuierliche Veränderung in unser aller Leben permanent präsent ist, haben wir uns aus irgendeinem Grund immer noch nicht darauf eingestellt. Die Ungewissheit, die mit jedem Tag, mit jedem Augenblick unseres Lebens einhergeht, ist noch immer etwas Unvertrautes. Wenn wir diese Lehren betrachten und den unaufhörlichen nicht vorhersehbaren Fluss unserer Erfahrungen bewusst wahrnehmen, entwickeln wir vielleicht mit der Zeit eine entspanntere Einstellung dazu, wie die Dinge sind. Und wenn wir diese Entspanntheit bis zu unserem Sterbebett mitnehmen können, sind wir bereit für das, was kommt, was auch immer es sein mag.

5

Wenn sich die Erscheinungen dieses Lebens auflösen – der Bardo des Sterbens

»Möge ich, wenn sich die Erscheinungen dieses Lebens auflösen, leicht und sehr glücklich alle Anhaftungen an dieses Leben loslassen, wie ein heimkehrender Sohn oder eine heimkehrende Tochter.«

Ich habe diese Zeilen von Dzigar Kongtrul Rinpoche immer als sehr eindringlich empfunden, insbesondere das Bild des Kindes, das leichten, sehr glücklichen Gemüts heimkehrt. Sie beziehen sich auf den Prozess des Sterbens, die Zeit zwischen dem Moment, in dem wir wissen, dass wir gehen werden, und unserem letzten Atemzug. Ich habe viele Menschen dieses Gebet gelehrt, die am Ende ihres Lebens standen, darunter war auch eine Nonne im Gampo-Kloster, die es im Sterben immer wieder sprach. Es ist gut möglich, dass auch ich das tun werde.

Was bedeutet es, dass sich die Erscheinungen dieses Lebens auflösen, und wie kann das zu einer freudvollen, friedvollen Erfahrung werden? Gemäß der tibetischen Weltsicht besteht unser Körper aus fünf Elementen: Erde, Wasser, Feuer, Luft und

Raum. Das Erdelement ist alles, was im Körper fest ist: Knochen, Muskeln, Zähne und so weiter. Das Wasserelement sind die verschiedenen Flüssigkeiten, wie Blut, Lymphe und Speichel. Das Feuerelement ist die Körperwärme. Das Luftelement ist unser Atem. Das Raumelement sind die Hohlräume im Körper, alle offenen Räume. Es gibt auch ein sechstes, nichtkörperliches Element, das eine Rolle spielt: das Bewusstsein.

Gemäß dem *Tibetischen Totenbuch* lösen sich diese Elemente im Sterbeprozess in Stadien ineinander auf, vom gröbsten bis zum feinsten. Diese Darstellung mag uns zwar fremd oder veraltet erscheinen, aber Hospizmitarbeiter haben mir erzählt, dass sie diese Stadien bei ihren Patienten ebenfalls erkennen. Ich beschreibe den traditionellen Ablauf, mit einem Vorbehalt: Sowohl Sterbebegleiter als auch tibetische Lehrer geben an, dass die Reihenfolge der Auflösung, ebenso wie andere Lebensphasen, individuell variiert. Auch das ist unvorhersehbar.[2]

Zuerst löst sich das Erdelement ins Wasserelement auf. Die Sterbenden fühlen sich schwer. Manchmal sagen sie: »Ich habe das Gefühl, ich sinke. Kannst du mich anheben?« Gleichzeitig wird ihr Sehvermögen schwächer. Danach löst sich das Wasserelement ins Feuerelement auf. Die Flüssigkeiten versiegen allmählich. Die sterbende Person ist sehr durstig und bittet oft um etwas zu trinken. Sie kann ihre Körperflüssigkeiten nicht mehr halten. Auch das Gehör schwindet. Dann löst sich das Feuerelement in das Luftelement auf, und ihr wird kalt. Egal wie hoch die Heizung aufgedreht ist, egal wie viele Decken im Einsatz sind, ihr wird einfach nicht mehr warm. Die nächste Stufe ist, wenn sich das Luftelement in das Bewusstsein auflöst. Es wird immer schwieriger zu atmen. Die Ausatmungen werden länger und die Einatmungen kürzer. Zwischen den Atemzügen entstehen große Lücken. Schließlich kommt nach einigen langen Ausatmungen der Atem zum Stillstand. Wie Trungpa

Rinpoche sagte: »Du atmest aus, immer weiter aus. Kein Einatmen mehr.«

An diesem Punkt haben alle gewöhnlichen Sinneswahrnehmungen aufgehört. Auch alle Gedanken, Gefühle, Gewohnheitsmuster und Neurosen haben aufgehört. Alles, was unsere wahre Natur verschleiert hat, ist verschwunden. Alles, was wir für »mich« hielten, ist verschwunden. Die Erscheinungen dieses Lebens haben sich aufgelöst, und wir sind zur natürlichen Einfachheit unserer wahren Natur zurückgekehrt.

Der westlichen Medizin zufolge ist der Mensch nun tot. Das Leben ist vorbei. Den buddhistischen Lehren zufolge geht es jedoch mit einem inneren Prozess weiter, der als »innere Auflösung« bekannt ist. In dieser letzten Auflösung unseres Lebens geht das Element des Bewusstseins im Raum auf. Auch dieser Prozess ist nicht genau vorhersagbar, aber im Allgemeinen heißt es, dass er etwa 20 Minuten dauert. Aus diesem Grund empfehlen die Lehren, den Körper mindestens so lange – besser noch viel länger – ruhen zu lassen, ohne ihn zu berühren oder zu bewegen.

Die innere Auflösung bietet uns eine unglaubliche Chance, sofern wir darauf vorbereitet sind. Es heißt, dass sie in drei Phasen abläuft, in denen wir drei starke Farbeindrücke erleben. Zuerst wird das Licht der gesamten Umgebung weiß, wie ein wolkenloser, vom Vollmond erleuchteter Himmel. Dann nehmen wir Röte wahr, wie das Abendrot des Himmels, und schließlich Schwarz, wie ein Nachthimmel ohne Mond und Sterne. An diesem Punkt fallen wir in einen leeren Zustand der Bewusstlosigkeit, und der Auflösungsprozess ist abgeschlossen.

Den Lehren zufolge geschieht als Nächstes, dass etwas Ichloses das Bewusstsein wiedererlangt und der Geist in einer gänzlich unverhüllten, unverstellten Weise erlebt wird. Dies wird manchmal als »Geist des klaren Lichts des Todes« bezeichnet.

Es dauert nur einen Augenblick, aber wie wir sehen werden: Sich auf diese Erfahrung vorzubereiten kann den gesamten Zyklus von Geburt und Tod umgehen und ein sofortiges vollständiges Erwachen bewirken. Dies wird als eine so kostbare Gelegenheit angesehen, dass all meine Hauptlehrer die Vorbereitung darauf als eine der wichtigsten Bemühungen des Lebens hervorgehoben haben.

Zu erkennen, wie so etwas möglich ist, erfordert ein gewisses Verständnis dessen, was unseren Geist in seiner innersten Essenz ausmacht. Wenn wir über den erwachten Geist sprechen, verwenden wir oft Adjektive wie »weit offen«, »unverstellt«, »unvoreingenommen« und »unendlich«. Aber das Erstaunliche ist, dass diese Worte auch auf *Ihren* Geist zutreffen, ebenso wie den Ihres Cousins, Ihrer Vorgesetzten, Ihres unliebsamen Nachbarn – auf den Geist aller.

Traditionell wird dieser universelle erwachte Geist mit dem Himmel verglichen. Aus unserer Perspektive – vom Boden aus – wirkt der Himmel an manchen Tagen klar, an anderen bedeckt. Aber egal wie bewölkt und dunkel er ist, wenn wir im Flugzeug sitzen, sehen wir, dass der weite blaue Himmel da ist und immer da war – den ganzen Tag, jeden Tag.

Dieser »Geist, der wie der Himmel ist« scheint für viele von uns überwiegend bewölkt zu sein. Anstatt die lebendige Welt der Phänomene und ihren kontinuierlichen Fluss von Geburt und Tod wach und bewusst wahrzunehmen, leben wir in einer Version der Realität, in der wir oft völlig abgelenkt und gedankenverloren sind. Wir sind nicht darauf eingestimmt, dass sich alles – von unserer Umgebung über unsere Lieben bis hin zum Körper – von einem Augenblick zum anderen verändert. Wir sehen nicht, dass unsere Gefühle und die Geschichten, die wir uns selbst und anderen erzählen, keine wirkliche Substanz haben, dass sie so flüchtig sind wie Nebel.

Diese Gedanken und Emotionen fühlen sich für uns so »fest« und real an, dass sie die offene Klarheit unseres Verstandes völlig verschleiern können. Hin und wieder können wir jedoch durch eine Lücke in den Wolken einen Blick auf den blauen Himmel erhaschen. Das geschieht oft, wenn etwas Unerwartetes die gewohnten geistigen Abläufe unterbricht. So ging ich zum Beispiel einmal in den Achtzigerjahren in meiner bordeauxroten Robe eine Straße in Boulder, Colorado, entlang, ganz in Gedanken versunken. Ein Wagen voller College-Studenten fuhr neben mir her, und einer von ihnen kurbelte das Fenster herunter und schrie: »Such dir einen Job!« (Es war besonders verwirrend, weil ich gerade auf dem Weg zur Arbeit war.) Einen Moment lang setzten die gewohnten geistigen Abläufe einfach aus, und ich empfand alles auf ganz neue Art und Weise. Dank dieser Jugendlichen machte ich die Erfahrung einer großen Lücke in den Wolken.

Ein flüchtiger Blick auf den Himmel kann uns zwar auf vielerlei Weise zuteilwerden, aber oft geht er mit einer Erfahrung der Bodenlosigkeit einher. Das Geräusch einer Explosion erschreckt uns, sodass wir desorientiert sind. Wir rutschen fast auf dem Eis aus, erhalten unerwartete Nachrichten – sehr schlechte oder sehr gute. Aus dem Nichts heraus stoppt der Geist, und wir blicken hinaus in eine lebendige, zeitlose Welt.

Normalerweise haben wir keine Möglichkeit, diese kurzen Augenblicke der Einsicht zu nutzen. Aber wenn wir auch nur einen flüchtigen Blick auf den großen Himmel erhaschen, können wir lernen, solche Erfahrungen wertzuschätzen und sie zu kultivieren. Man könnte sagen, dass hierin ein Hauptzweck der Meditation liegt: langsam genug zu werden, um zu bemerken, dass es immer Lücken in unserer dichten Erfahrung voller Gedanken gibt; sich dann mit diesen Lücken vertraut zu machen und sie als Einblicke in die nicht geschaffene, nicht konzeptuelle Natur des Geistes zu erkennen.

So wird uns langsam bewusst, dass unser Geist stets weit offen und unendlich ist. Aber selbst wenn es uns nicht bewusst ist, ist dieser offene Geist doch nie irgendwohin fortgegangen – wir können uns jederzeit wieder mit ihm verbinden. Mithilfe der Meditationspraxis verstehen wir mit der Zeit wirklich, dass Wolken vergänglich sind und der Himmel immer da ist. Wie Trungpa Rinpoche einmal sagte: »Zuerst muss man fast von einem Lastwagen überfahren werden, um wach zu werden, aber nach einer Weile genügt es, wenn der Wind den Vorhang bewegt.«

Nach den Bardo-Lehren kann die Auflösung, die sich während des Sterbens vollzieht, als ein Prozess gesehen werden, in dessen Verlauf die Wolken dünner werden und sich verziehen. Auf jeder Stufe, beginnend mit der Auflösung des Erdelements, zerstreuen sich die Wolken immer mehr. Alles zerfällt: der Körper, die Sinneswahrnehmungen, unsere Gefühle, der Denkprozess. Das kann natürlich verunsichernd und beängstigend sein. Aber wenn wir geübt haben, mit der kontinuierlichen Auflösung vertraut zu werden, die im Lauf des Lebens stattfindet, mit dem ständigen Kreislauf von Tod und Wiedergeburt, dann können wir vielleicht furchtlos in die Erfahrung des Sterbens eintreten, bereit, uns allem, was kommen mag, zu stellen. Wenn die Bodenlosigkeit für uns ein vertrautes Terrain geworden ist, wird sich die endgültige Bodenlosigkeit des Todes nicht mehr so bedrohlich anfühlen.

Dann können wir das Lebensende als einen Zerfall in die Wachheit hinein erleben. Im Lauf der Auflösungsstadien sind alle Wolken verschwunden und haben den unberührten Himmel des Geistes in seiner ganzen Klarheit freigegeben. Genau hier haben wir eine wichtige Chance: die Chance, dieses weite, himmelsgleiche Gewahrsein als unsere innewohnende Natur zu erkennen und dann loszulassen und uns in diesen Zustand hinein zu entspannen, wie ein Kind, das nach Hause zurückkehrt.

Für die meisten Menschen kommt und geht diese Gelegenheit jedoch blitzschnell. Es haben zwar ausnahmslos alle – selbst das kleinste Insekt – eine flüchtige Erfahrung des unendlich offenen Gewahrseins, aber es heißt, dass nur sehr wenige sie erkennen. So geht sie unbemerkt vorbei. Einer der Hauptgründe für die Existenz des *Tibetischen Totenbuchs* und anderer Bardo-Lehren liegt darin, die Menschen vorzubereiten, damit sie erkennen, was während des Sterbeprozesses vor sich geht, und die Gelegenheiten wahrnehmen können, wenn sie sich bieten. Wie wir in späteren Kapiteln noch sehen werden, ist die Zeit der Auflösung nicht unsere einzige Chance, im Sterbeprozess Erleuchtung zu erlangen. Zum Glück für uns ist es selbst im Bardo nie zu spät, es noch einmal zu versuchen.

6

Mingyur Rinpoches Geschichte

Um das Thema der Auflösung nicht ganz so geheimnisvoll zu gestalten, möchte ich die Geschichte eines Mönchs erzählen, der durch Studium und Praxis tatsächlich darauf vorbereitet war, den Auflösungsprozess während einer Nahtoderfahrung zu erkennen und bewusst zu erleben. Yongey Mingyur Rinpoche erzählt sie in seinem Buch *Auf dem Weg. Eine Reise zum wahren Sinn des Lebens.*[3]

Mingyur Rinpoche, ein sehr beliebter Lehrer aus einer namhaften Familie tibetischer Lehrer, war Abt eines Klosters in Bodhgaya, Indien, dem Ort, an dem der Buddha die Erleuchtung erlangte. In den ersten 36 Jahren seines Lebens hatte er ein behütetes, privilegiertes Leben geführt. In seiner Kindheit wurde er als *Tulku* erkannt, als Reinkarnation eines früheren erleuchteten Lehrers. Sein Vater, der große Meditationsmeister Tulku Urgyen Rinpoche, erzog ihn als Sohn und auch als Schüler. Zu Hause in Nepal überschütteten ihn seine Eltern mit Liebe und Zuneigung und ließen ihn nie allein irgendwohin gehen. Selbst als er sein Zuhause verließ und ein offizielles Studium begann, wurde er stets durch seine Rolle und seinen Status geschützt. Dies setzte sich bis ins Erwachsenenalter hinein fort. Vor seinem 36. Lebensjahr war er in seinem ganzen Leben noch nie allein draußen gewesen.

Dann, im Juni 2011, stand er mitten in der Nacht auf und verließ das Kloster, um sich auf ein Wander-Retreat zu begeben, das über vier Jahre dauern sollte. Er hatte schon früher viele Retreats gemacht, darunter ein Dreijahres-Retreat, aber sie hatten alle in Klöstern oder Einsiedeleien stattgefunden. Von einem Wander-Retreat hatte er schon seit seiner Jugend geträumt. Geschichten über Asketen, die frei und spontan lebten und jede Nahrung und Unterkunft annahmen, die sich ihnen boten, inspirierten ihn seit Langem. Alles, was er bei sich hatte, waren zwei buddhistische Texte, ein wenig Geld und die Kleidung, die er am Leib trug. Niemand wusste etwas von seinem Vorhaben. Ein Bediensteter fand am nächsten Nachmittag einen Abschiedsbrief in seinem Zimmer. Darin äußerte Mingyur Rinpoche den Wunsch, er wolle dem Beispiel der früheren Wanderyogis folgen, so wie Milarepa, der den größten Teil seines Lebens damit zubrachte, in abgelegenen Höhlen und an heiligen Orten zu meditieren. Um seine Schüler weiterhin anzuleiten, hinterließ Mingyur Rinpoche einen gut organisierten Studienkurs mit einfachen Meditationsanweisungen und Hunderten Stunden aufgenommener Lehrunterweisungen.

Bevor er das Kloster verließ, hatte seine Vision des Retreats einen Hauch von Romantik: Höhlen, schöne Seen und angenehme Zugfahrten. Sein einziger Plan war, den ersten Zug nach Varanasi zu nehmen, der alten Stadt am Ganges, in der Hindus und Buddhisten seit Jahrtausenden ihre spirituelle Praxis ausüben. Doch zuerst musste er herausfinden, wie er eine Fahrkarte kaufen konnte, denn das hatte er noch nie getan. Die überwältigende Erfahrung, die er dann machte, als er in das billigste Abteil des Zuges stieg, war Ablehnung. Es war unglaublich voll; alle rochen schlecht und sahen nicht gut aus; er konnte Läuse in den Haaren der Passagiere sehen. Niemand nahm Rücksicht auf seine buddhistische Mönchsrobe; er wurde geschubst und gedrängt wie alle anderen auch.

Aber er sagte sich immer wieder, dass er genau das wollte: dass alles zusammenbrach und seine normale Lebensweise überhaupt nicht mehr funktionierte. Er wollte seine Praxis inmitten solcher Situationen testen. Besonders inspirierend finde ich, dass diese Erfahrung für ihn kein Spaziergang war. Er war ebenso von Angst und Ablehnung überwältigt wie Sie und ich. Er nutzte jede Übung, die er jemals erhalten hatte, ohne sich darum zu kümmern, ob sie für »Anfänger« oder »Fortgeschrittene« war. In jeder Situation, die sich ihm bot, tat er alles in seiner Macht Stehende, um präsent zu bleiben und mit dem Geist zu arbeiten, selbst wenn er sich so sehr ekelte oder fürchtete, dass es nahezu unerträglich war.

Nicht allzu lange nach dieser Zugfahrt ging er nach Kushinagar, der Ort, an dem der Buddha starb. Er verbrachte die meiste Zeit damit, in einem Park zum Gedenken an den Tod des Buddha zu meditieren. Eine Zeit lang konnte er es sich leisten, in einem Gästehaus zu wohnen und Straßenessen zu kaufen. Doch als ihm das Geld ausging, musste er draußen schlafen und betteln. Während dieser Übergangszeit trug er seine weinroten buddhistischen Gewänder nicht mehr, sondern ging dazu über, die safranfarbenen Gewänder eines hinduistischen *Sadhu* zu tragen, der der Welt entsagt hat. Er betrachtete diese Veränderung als einen wichtigen Teil seines Weges ins Ungewisse. Die buddhistische Robe hatte ihn stets beschützt und ihm ein Gefühl der Identität gegeben, doch er wollte über all seine gewohnten Bezugspunkte hinausgehen – ohne etwas, an dem er sich festhalten und hinter dem er sich verstecken konnte.

Das Betteln fiel ihm sehr schwer. Alles in ihm sträubte sich dagegen, auf jemanden zuzugehen und ihn um Essen zu bitten. Der erste Ort, an dem er bettelte, war eine Garküche, zu der er regelmäßig gegangen war. Der Manager bemerkte seinen Kleidungswechsel und sagte: »Du bist jetzt ein Hindu!« Dann erklärte er ihm ganz nüchtern, er solle am Abend wiederkommen, wenn alle Essensreste, die sie von den Tellern kratzten, an die Bettler ausgegeben würden. Er verbrachte einen Großteil des Tages damit, über seine Scham zu meditieren und dabei die Lehren zum Umgang mit diesem Gefühl anzuwenden, und als er zum Stand zurückkehrte, war er bereit, die Reste anzunehmen. Wie er sagte, war er so hungrig, dass er diese Mahlzeit mehr genoss als alles, was er je in einem Fünfsternehotel gegessen hatte.

In der ersten Nacht, die er draußen verbrachte, schlief er beim Einäscherungsstupa, einem großen Erdhügel, der Reliquien des Buddha enthält. Wegen der Moskitos konnte er nicht schlafen, und gegen Morgen bekam er Magenkrämpfe. Während seiner Meditation am nächsten Tag setzte Durchfall ein, und am Abend musste er sich übergeben.

Als es in den folgenden Tagen immer schlimmer wurde, merkte er, dass er starb. Das erste Zeichen, das er erkannte, war, dass sich das Erdelement ins Wasser hinein auflöste. Er fühlte sich so schwer, dass ihm war, als drückte ihn sein Gewicht unter die Erdoberfläche. Ein weiteres Zeichen dieser Auflösung äußerte sich darin, dass er nur noch verschwommen sah. Dann tastete er mit der Zunge seinen Mund ab, und es war kein Speichel vorhanden. Obwohl er zu dehydriert war, als dass Flüssigkeit aus seinem Körper hätte austreten können, erkannte er, dass sich das Wasserelement auflöste. Jetzt dachte er: »Es ist so weit. Das ist meine große Chance.« (Können Sie sich vorstellen, so furchtlos zu sein?) Dann wurde ihm sehr kalt, und da die umgebende Luft extrem heiß war, nahm er dies als eindeutiges Zeichen dafür, dass sich das Feuerelement auflöste. Als sich dann das Luftelement ins Bewusstsein auflöste, war ihm, als würde er bei jedem Einatmen wie ein Ballon aufgeblasen.

Er empfand sich immer noch als ein Individuum, das eine Erfahrung machte. Es war immer noch ein Gefühl vorhanden, dass »Mingyur Rinpoche« beobachtete und das Geschehen verfolgte. Aber – so beschrieb er es – sein konzeptueller Geist »schwand dahin«. Und gleichzeitig trat seine wahre Natur immer klarer hervor. Irgendwann wurde er fast ohnmächtig, und vor seinem geistigen Auge erschienen weiße und rote Lichtblitze.

Was dann geschah, übertraf alles, was er je erlebt hatte. Im Nachhinein fand er es fast unmöglich, es in Worte zu fassen, doch sein Buch vermittelt einen Eindruck davon. Es gab immer noch ein klares Bewusstsein, aber es war in keiner Weise begrifflich. Es gab kein »ich und andere«, kein Innen und Außen, keine Zeit, keine Richtung, kein Leben und keinen Tod. Und gleichzeitig bestand alles aus Liebe. Die Bäume, die Sterne, die ganze Welt bestanden aus Liebe.

Vor dieser Erfahrung hatte er viel Zeit damit verbracht, über die himmelsähnliche Natur seines Geistes zu meditieren, sodass er bis zu einem gewissen Grad vorbereitet war. Durch seine jahrelange Schulung war er in der Lage zu verstehen, was geschah. Aber noch nie war ihm eine so umfassende Erkenntnis der Natur seines Geistes zuteilgeworden.

Später schätzte er, dass er sich etwa fünf Stunden in diesem Zustand befand. Er weiß, dass es dunkel war, als er in diese nichtkonzeptuelle Phase eintrat, und hell, als er wieder zu sich kam. Aber dieses »Zu-sich-Kommen« geschah nicht so, wie normalerweise jemand ohnmächtig wird und dann das Bewusstsein wiedererlangt. Hätte jemand anders ihn gesehen, hätte er ihn wahrscheinlich für ohnmächtig gehalten, aber in einem tieferen Sinne war er die ganze Zeit wach – wach für wolkenloses Bewusstsein, für den universellen offenen Geist.

Schließlich kam er zurück in seinen Körper. Das war keine Entscheidung, die er traf; es war kein »Ich« daran beteiligt. Aber irgendwie fand eine Bewegung des Geistes statt, die auf der Erkenntnis beruhte, dass seine Arbeit als Lehrer noch nicht getan war.

Er spürte, wie er wieder in seinen Körper eintrat. Sein normaler Atem kehrte zurück, und sein Körper erwärmte sich. Als er die Augen öffnete, erschien ihm alles wie verwandelt. Die Bäume waren grün wie immer, aber sie schimmerten. Er war immer noch sehr dehydriert, also stand er auf, um zur Wasserpumpe zu gehen. Dann wurde er tatsächlich ohnmächtig. Beim Aufwachen fand er sich im Krankenhaus mit einer Infusion im Arm wieder. (Wie er dorthin gelangte, ist eine andere faszinierende Geschichte, die in Mingyur Rinpoches Buch steht.)

Dies ist also die Geschichte von jemandem, der tatsächlich den Prozess der Auflösung der Elemente durchlaufen und die Erfahrung gemacht hat, dass sich die Wolken verziehen und den weiten, unendlichen Himmel seines Geistes freigeben. Mingyur Rinpoche kam natürlich zurück und kann uns dementsprechend nicht sagen, was als Nächstes passiert wäre, wenn er geblieben wäre. Doch so, wie sie ist, veranschaulicht diese Geschichte, wie wirkungsvoll und wichtig es ist, dass wir kontinuierlich üben, offen zu bleiben, und uns mit dem immerwährenden »Dazwischensein« des Lebens vertraut machen.

Von jener Nacht an, in der er das Kloster verließ, und bei jeder Erfahrung, die er in den nächsten vier Jahren machte, versuchte er, ganz im erstaunlichen Fluss von Geburt und Tod zu leben. Seine Nahtoderfahrung war nur ein Teil dieses Flusses, und sobald es ihm gut genug ging (und das war, bevor der Arzt ihn für gesund genug hielt), wagte er sich wieder hinaus ins vollkommen Ungewisse, ohne andere Sicherheiten als seinen »Weiter-Himmel-Geist«. Nichts an der Dharma-Praxis ist für mich inspirierender, als zu sehen, wie sie zu solcher Furchtlosigkeit führt.

7

Das klare Licht der Mutter und des Kindes

Die endgültige Auflösung dieses Lebens – die des Bewusstseins im Raum – wird traditionell als das Zusammentreffen des »klaren Lichts des Kindes« mit dem »klaren Licht der Mutter« beschrieben. Das klare Licht des Kindes ist die Erfahrung der himmelsgleichen Natur unseres Geistes, mit der wir uns durch Übung vertraut machen können. In der tibetisch-buddhistischen Tradition weist ein Lehrer seine Schüler auf diese Natur hin und gibt ihnen Anweisungen, wie die Erfahrung des weit offenen, unbegrenzten Geistes kultiviert und stabilisiert werden kann. Diese Lehren und Praktiken sind alle darauf ausgerichtet, Vertrauen in das Kind-Licht zu entwickeln. Mingyur Rinpoche hatte viele Jahre seines Lebens damit zugebracht, und deshalb war er bereit zu sterben.

Das Mutter-Licht – auch bekannt als »Urlicht« – ist die letztendliche Natur der Wirklichkeit, die sich nicht von unserer eigenen Natur unterscheidet. Es ist der unendlich offene Raum des Bewusstseins, das alles und alle umfasst. Es ist die grundlegende Güte des Universums, durchdrungen von Mitgefühl und Weisheit. Und was ich sehr inspirierend finde: Menschen wie Sie und ich können immer mit ihm in Verbindung treten. Doch obwohl es stets da ist, wird es uns erst am Ende des Auflösungsprozesses voll und ganz offenbart – und auch nur dann, wenn wir es erkennen.

Wenn wir uns durch Üben gut auf das klare Licht des Kindes vorbereitet haben, erkennen wir unsere Mutter, sobald sie ihr Gesicht zeigt. Dann werden wir wie ein kleines Kind, das den ganzen Tag bei einem Babysitter war, ganz natürlich zur Mutter laufen, um wieder mit ihr vereint zu sein. Wie es in einem der Gebete über die Bardos heißt, das ich oft rezitiere: »Möge ich so natürlich befreit werden wie ein Kind, das zum Schoß der Mutter läuft.«

Das klare Licht des Kindes kann mit dem Raum im Inneren einer Vase verglichen werden und das klare Licht der Mutter mit dem größeren Raum außerhalb. Obwohl der innere und der äußere Raum durch die Vase getrennt sind und wir darüber sprechen können, als wären es zwei verschiedene Räume, ist ihre Essenz doch genau dieselbe. Beide sind einfach Raum. Wenn die Vase zerbricht – vergleichbar mit dem Tod –, verschwindet die Barriere zwischen den beiden Räumen, und sie verschmelzen zu einem.

Wenn wir den Begriff »klares Licht« verwenden, um über die Natur des Geistes zu sprechen, meinen wir kein gewöhnliches Licht. Licht ist die Eigenschaft unseres Geistes, der bewusst ist. Es ist das, was weiß. Es ist das, wodurch wir wissen, was wir sehen, hören, denken und fühlen; und es ist das, wodurch wir das Potenzial haben, unsere eigene wahre Natur zu erkennen. Vielleicht ist es hilfreicher, es einfach »offenes Gewahrsein« zu nennen, etwas, das wir praktizieren und mit dem wir uns verbinden können.

Wenn wir uns mit dem stetigen Fluss der Geburten und Tode vertraut machen, mit den kontinuierlichen Bardos, die unser Leben ausmachen, dann erkennen wir mit der Zeit, dass dieses

Gewahrsein der Hintergrund jeder Erfahrung ist. Wir können zu dem Punkt gelangen, an dem das offene Gewahrsein uns durch jeden Anfang und jedes Ende, jedes Auf und jedes Ab begleitet. Es kommt und geht nicht. Es ist in allen Übergängen und Zwischenzuständen da. Es ist ein ständiges Merkmal der Landschaft unseres Geistes. Das mag uns im Moment noch als etwas weit Entferntes erscheinen, aber es ist unser Geburtsrecht, eine Möglichkeit, die uns stets winkt.

Wenn wir dieses offene Gewahrsein in irgendeiner Weise lokalisieren, beschreiben oder begrifflich fassen wollen, sind wir dazu nicht in der Lage. Wie sehr wir auch suchen, wir finden nichts, was wir genau bestimmen können. Und doch ist es möglich, mit diesem Gewahrsein so gut vertraut zu sein, dass wir es immer erkennen können, in jeder Situation, selbst bei der Auflösung unseres Körpers. Die – natürlich – die wichtigste Zeit von allen ist.

Meistens sind wir zu sehr von anderem in Beschlag genommen, um uns dieser Offenheit bewusst zu sein – gefangen in unseren Gedanken und Gefühlen, Hoffnungen und Ängsten, unserem allgemeinen Widerstand gegen die Dinge, wie sie sind. Nach der traditionellen Analogie sind wir wie ein bitterarmer Mensch, der sich Tag und Nacht sorgt und abrackert, aber nicht erkennt, dass direkt unter seinem Haus ein riesiger Goldschatz liegt, der ihn sofort aus der Armut befreien würde.

Der Buddha und andere große Lehrer haben viele Methoden gelehrt, um unseren Geist des klaren Lichts freizulegen. Als Trungpa Rinpoche zum ersten Mal im Westen Meditation lehrte, wies er seine Schüler an, sich zu entspannen und einfach unabgelenkt in der Gegenwart zu verweilen. Wenn Gedanken sie davontrugen, sollten sie wieder in den gegenwärtigen Moment zurückkehren. Als sich herausstellte, dass dies für die meisten Menschen nahezu unmöglich war, führte er die Methode ein, sich mit dem Ausatem als Objekt zu verbinden, allerdings nur ganz leicht. »›Berühre‹ den ausströmenden Atem und lass ihn los« – das waren die Anweisungen, die ich zuerst lernte.

Die am häufigsten gelehrten Methoden beinhalten, dass man in einer Meditationshaltung dasitzt, sich auf ein Objekt wie den Atem konzentriert und eine Technik hat, um mit aufkommenden Gedanken zu arbeiten. Bei dieser und den meisten anderen buddhistischen Praktiken geht es auf die eine oder andere Weise darum, den Geist so weit zu verlangsamen, dass wir unsere gewohnten Denkmuster erkennen und sehen, dass sie normalerweise fast unsere gesamte Aufmerksamkeit beanspruchen. Diese Methoden lassen unsere Neigung zutage treten, uns völlig von unseren Gedanken vereinnahmen zu lassen, damit wir uns immer wieder aufs Neue mit dem Himmel hinter den Wolken verbinden können.[4]

Eine einfache solche Methode bezeichne ich als Pause-Praxis oder Übung des Innehaltens. Man unterbricht einfach das, was man gerade tut, und schaut auf. Das kann man fast jederzeit tun. Sie gehen spazieren oder spülen das Geschirr, und dann halten Sie inne und schauen sich um. Das Innehalten unterbricht die Dynamik, ganz von Gedanken in Beschlag genommen zu sein. Stattdessen erhaschen Sie einen flüchtigen Blick auf die Frische, auf das, was Trungpa Rinpoche »Jetztheit« nannte. Es mag keine vollständige Erfahrung der Jetztheit sein, aber dieser flüchtige Blick lehrt Sie etwas über den Kontrast zwischen in Beschlag genommen sein und Offenheit. Sie können einen flüchtigen Blick auf Ihre wahre Natur werfen. Sie entwickeln ein Gefühl dafür, was sie ist.

Als ich einmal über dieses Thema lehrte, fragte mich eine Zuhörerin: »Wird das mit der Zeit klarer und besser erkennbar?« Wie sie sagte, hatte sie diese Lehren zwar gehört und viel meditiert, wusste aber trotzdem nicht wirklich, was mit Begriffen wie »offenes Gewahrsein« und »himmelsgleicher Geist« gemeint war. Sie vermutete, es läge daran, dass sie zu verstandesorientiert war und immer versuchte, alles zu begreifen.

Ich ließ mir ihre Frage einen Moment durch den Kopf gehen und sagte dann: »Es liegt immer bei dir, ob es klarer wird.« Das offene Gewahrsein kennenzulernen ist normalerweise nichts, was von selbst geschieht. Es ist ein Prozess. Viele Menschen haben jahrelang gelernt, sich genug zu entspannen, um mit ihrem himmelsähnlichen Geist vertraut zu werden. Wenn wir wirklich neugierig auf den weiten Raum hinter unseren gewohnten Denkmustern sind, wenn wir den Himmel hinter den Wolken gut kennen wollen, dann müssen wir uns Zeit für dieses Vorhaben nehmen. Doch vorab sollten wir wissen, dass es dabei nicht darum geht, unsere Gedanken zu einem Feind zu machen. Wolken kommen und gehen, ohne dem Himmel zu schaden. Genauso kommen und gehen Gedanken, ohne unserem Geist zu schaden. Ob wir wollen oder nicht, die Gedanken kommen immer wieder. Wir brauchen das nicht als Problem zu sehen. Statt also unsere Gedanken zu verteufeln, ist Neugierde eine sanftere, produktivere Herangehensweise. Wir können uns einfach fragen: *Was steckt dahinter, wenn ich plötzlich nicht mehr denke? Welche Erfahrungen mache ich dann? Was sind diese Gedanken überhaupt? Sind sie wirklich etwas »Festes«? Sind sie wirklich eine Bedrohung?*

Mit einer solchen Neugierde werden Sie sich von ganz allein mehr mit der Situation befassen. Sie erkunden sie und üben, und die Erfahrung wird klarer. Immer öfter denken Sie daran, innezuhalten und den Ansturm der Gedanken zu unterbrechen. Ihre Gedanken werden allmählich weniger problematisch. Immer häufiger genießen Sie Momente der Frische und Weite. Und je mehr Sie sich auf eine derartige Neugier einlassen, umso klarer und offensichtlicher wird Ihr Sinn für offenes Gewahrsein.

Meine erste deutliche Erfahrung der Offenheit meines Geistes ergab sich auf amüsante Weise. Es war der Tag, an dem ich den Zwischenraum, die Lücke, entdeckte. Ich war bei einem langen Retreat, wir saßen den ganzen Tag über in einer Meditationshalle. Im Raum befand sich ein lauter Ventilator, aber nach kurzer Zeit war ich so an ihn gewöhnt, dass ich ihn nicht mehr wahrnahm. Ich fühlte mich armselig. Wir hatten Lehren über die Natur des Geistes erhalten, und die Anwesenden sprachen immer wieder vom »Zwischenraum« und der »Weite«, und ich wusste nicht, wovon sie sprachen. Das ging so weit, dass ich das Gefühl hatte, dies sei mein kleines dunkles Geheimnis. Meine Gedanken bewegten sich also in diese deprimierende Richtung – und plötzlich schaltete sich der Ventilator für etwa drei Sekunden ab und dann wieder ein. Und da wusste ich: *Das ist es!* Der »Zwischenraum«, die »Weite« – wie auch immer man es nennen will – war genau hier. Da war das Brummen des Ventilators, dann kein Ton mehr: ein Zwischenraum. Es war, als ob jemand auf »Pause« drückte und meine Erfahrung unterbrach. Dann setzte das Summen wieder ein. Obwohl ich es nicht genau erklären konnte, erkannte ich, dass der offene Raum immer genau hier gewesen war – eine Offenbarung, weil es so einfach war.

Es mag den Anschein haben, dass ich diese Erfahrung machte, weil der Ventilator abgeschaltet wurde, doch ich habe schon viele Situationen erlebt, in denen ein Ventilator ausging und ich trotzdem weiter in meinem Gedankenfluss vor mich hindümpelte. Vielmehr geschah es nur deswegen, weil ich dort in der Meditationshalle saß, es unbedingt wissen wollte und mein Bestes tat, um den Anweisungen zu folgen. Rückblickend habe ich die ganze Zeit, in der ich mich fühlte wie eine Verliererin, die nichts richtig machte, den Grundstein für diese Erfahrung des Erkennens gelegt.

Unseren Geist darin zu schulen, offenes Gewahrsein zu erkennen, ist ein langfristiges Unterfangen, in dessen Verlauf wir mit unseren tief verwurzelten Gewohnheiten arbeiten. Wir sind so sehr daran gewöhnt, gegen das Leben, wie es ist, anzukämpfen, dass wir unsere Praxis oft in eine weitere Form des Kämpfens verwandeln. Wenn wir dieses Vorhaben angehen, fragen wir uns vielleicht oft, was wir da tun, und zweifeln an uns. Wir alle sind gut darin, uns selbst durcheinanderzubringen. Aber wenn wir weiterhin neugierig sind und die uns gegebenen Anweisungen umsetzen, wird uns die wahre Natur unseres Geistes immer vertrauter. Wir erkennen, wer wir hinter dem Kaleidoskop der Wahrnehmungen und Gedanken, die unsere Erfahrung ausmachen, wirklich sind. Und dann sind wir auf alles vorbereitet, was auch immer uns widerfährt – selbst auf Erfahrungen der Bodenlosigkeit, die uns normalerweise zutiefst verunsichern würden. Schließlich, wenn sich die Elemente unseres Körpers auflösen, wird uns die tiefe Freude und der Trost eines Kindes zuteil, das seine Mutter erkennt und ohne Zögern zu ihrem beruhigenden Schoß läuft.

8

Was durchläuft die Bardos?

Wenn wir sagen, dass der Tod in jedem Moment stattfindet, stellt sich eine naheliegende Frage: »Wenn ich kontinuierlich geboren werde und sterbe, wer durchläuft dann all diese Erfahrungen?« Wenn dieser Körper tot ist, wer hat dann die Chance, mit dem klaren Licht der Mutter zu verschmelzen? Wenn diese Chance verpasst wird, wer geht dann weiter zum nächsten Bardo, bekannt als »Bardo der Dharmata«? Wenn es zur Wiedergeburt kommt, wer wird wiedergeboren? Eine ähnliche Frage wäre: »Was ist es, das weiter von Leben zu Leben geht?« Oder »Was durchläuft die Bardos?«

Die Standardantwort auf all diese Fragen ist »Bewusstsein«, oder *namshé* auf Tibetisch. Das Wort »Bewusstsein« kann für verschiedene Menschen unterschiedliche Bedeutungen haben, aber die tibetische Sprache ist äußerst präzise, wenn es darum geht, den Geist zu beschreiben. *Namshé* impliziert, dass dieses Bewusstsein dualistisch ist. Wenn Rosa zum Beispiel einen Berg sieht, ist sie hier und der Berg dort: Es sind zwei getrennte Dinge. Was auch immer Rosa sieht, hört, riecht, schmeckt oder fühlt, scheint ein von ihr getrenntes Objekt zu sein.

Uns allen erscheinen die Dinge so, nicht wahr? Ein Gefühl, ich sei von allem anderen getrennt. Die Erfahrungen ändern sich fortwährend, aber ich bleibe scheinbar immer dieselbe Person. Etwas an mir vermittelt mir das Gefühl, es sei unveränderlich. Aber wenn ich nach diesem unveränderlichen Ich suche, stelle ich fest, dass da nichts ist, was ich »festnageln« kann.

Ich wurde am 14. Juli 1936 geboren. Mein damaliger Name war Deirdre Blomfield-Brown. Ich kann definitiv feststellen, dass eine Verbindung zwischen dieser Deirdre als Kind und der heutigen Pema besteht. Ich habe Erinnerungen an meine Kindheit. Die Mutter und der Vater, die ich damals hatte, sind für mich immer noch meine Mutter und mein Vater, auch wenn sie schon lange nicht mehr leben. Wissenschaftler würden sagen, dass das Baby und ich die gleiche DNA haben. Und natürlich haben wir denselben Geburtstag. Aber die interessante Frage ist immer noch: Sind das neugeborene Baby und die ältere Frau, die ich heute bin, tatsächlich dieselbe Person?

Ich habe immer noch Bilder von mir als Säugling und Kleinkind. Mit sehr viel Mühe kann ich einige Ähnlichkeiten zwischen dem Kind und dem, was ich heute im Spiegel sehe, ausmachen. Verstandesmäßig weiß ich aber auch, dass keine einzige Zelle meines Körpers dieselbe geblieben ist. Selbst in diesem Augenblick verändern sich jede Zelle und jedes Atom meines Körpers ständig.

Ich habe mich lange sehr bemüht, ein reales Ich zu finden, das von Jahr zu Jahr – oder sogar von Augenblick zu Augenblick – gleich bleibt, aber ohne den geringsten Erfolg. (Das ist eine lohnende Übung, die ich allen, die sich für die Geheimnisse des Lebens und des Todes interessieren, wärmstens empfehle.) Was bedeutet das nun für uns in Bezug auf die Bardos?

Wie ich schon sagte, ist die Standardantwort für das, was über die Lebenszeiten hinweg fortdauert, *namshé,* dualistisches Bewusstsein. Das ist nicht so leicht zu verstehen. Vor einiger Zeit habe ich meinen Freund Ken McLeod angerufen, einen hochgelehrten buddhistischen Praktizierenden, der einige meiner Lieblingsbücher geschrieben hat, und ihn danach gefragt. Wie andere Dharma-Schüler sagte er, *namshé* sei das, was durch die Bardos geht. Aber er wies darauf hin, dass dieses Bewusstsein nichts Festgefügtes ist, das alles durchströmt. Es löst sich ständig auf und formt sich neu. In jedem Moment erleben wir etwas Neues: den Geruch von Toast, eine Lichtveränderung, den Gedanken an eine Freundin. Und in jedem Moment haben wir das Gefühl, dass ein Selbst diese Erfahrung macht – ein Gefühl von »ich, die Person, die den Toast riecht«. Sobald dieser Moment vorüber ist, folgt sofort ein weiterer Moment mit einem Subjekt und einem Objekt. Dieser Fluss der dualistischen Erfahrung setzt sich ununterbrochen durch unsere Wachzeiten und Träume, durch dieses Leben und andere Leben hindurch fort.

Aber gibt es jenseits dieses Stroms von Momenten etwas, was ihnen allen zugrunde liegt und was wir als »Bewusstsein« bezeichnen könnten? Wir können kein festes Element ausfindig machen oder beschreiben, das all unsere Erfahrungen durchlebt. Unter diesem Gesichtspunkt lautet eine andere Antwort auf die Frage »Was geht durch den Bardos?« Ken zufolge: »Nichts.« Es gibt nur einzelne Momente, die nacheinander ablaufen. Was wir uns als »Bewusstsein« vorstellen, ist fließend, eher wie ein Verb als wie ein Substantiv.

Dieses Gespräch mit Ken vermittelte mir ein besseres Gespür dafür, inwiefern ich mich immer noch an dieses Selbst als etwas Dauerhaftes klammere, obwohl es in Wirklichkeit viel dynamischer ist. Es ist nichts Festgefügtes, Erstarrtes. Wir können uns zwar selbst als erstarrt sehen – und auch starre Ansichten über andere haben –, doch das beruht nur auf einem Missverständnis.

Woher kommt dieses Missverständnis? Wer kann das schon sagen? Wir haben die Dinge einfach schon immer so gesehen.

Der buddhistische Begriff dafür ist »gleichzeitig entstandene Unwissenheit« oder, wie Anam Thubten es nennt, »gleichzeitig entstandene Unbewusstheit«. Wir alle kommen mit dieser Unbewusstheit ins Leben. Und was ist uns nicht bewusst? Dass wir keine feste, dauerhafte Entität sind und dass wir nicht von dem getrennt sind, was wir wahrnehmen. Das ist das große Missverständnis, die Illusion des Getrenntseins.

Von Lehrenden habe ich Folgendes über den Ursprung unserer Unbewusstheit gehört: Zuerst ist da ein offener Raum, fließend und dynamisch. Es ist kein Gefühl der Dualität vorhanden, kein Gefühl eines von allem anderen getrennten »Ich«. Von diesem Urgrund aus wird dann alles manifest. Richtig verstanden sind der offene Raum und die Manifestation keine zwei voneinander getrennten Dinge – sie sind wie die Sonne und ihre Strahlen. Dementsprechend ist alles, was wir gerade erleben, ein Ausdruck unseres Geistes. Diese Einheit zu erkennen wird als »gleichzeitig entstandenes Wissen« oder »gleichzeitig entstandene Bewusstheit« bezeichnet. In der Illusion des Getrennt- und Festgefügtseins gefangen zu bleiben ist »gleichzeitig entstandene Unbewusstheit«.

Und das ist natürlich der Punkt, an dem Sie und ich uns befinden. Es ist offensichtlich, dass gleichzeitig entstandene Unbewusstheit das ist, was wir normalerweise erleben. Aber in Wirklichkeit ist nichts und niemand in unserer Welt festgefügt und statisch. Bewusstsein ist ein Prozess, der sich ständig auflöst und neu formt, sowohl jetzt als auch im Bardo. Und jedes Mal, wenn es sich umformt, ist es ganz frisch und neu – was bedeutet, dass sich uns ein endloser Strom an Gelegenheiten für eine ganz neue, offene Sichtweise bietet. Wir haben stets eine weitere Chance, die Welt neu zu sehen, eine Chance, uns wieder mit der grundlegenden Offenheit zu verbinden, eine Chance zu erkennen, dass wir nie von dieser grundlegenden Weite getrennt waren – eine Chance zu erkennen, dass alles nur ein großes Missverständnis war.

Wenn Sie lange genug darüber nachdenken, können Sie es vielleicht mit Ihrem rationalen Verstand nachvollziehen. Aber dann fragen Sie sich vielleicht immer noch: »Warum erlebe ich mich als getrennt? Warum erfahre ich nicht jeden Moment als frisch und neu? Warum fühle ich mich so festgefahren?« So geht es Ihnen deswegen, weil Sie, wie alle anderen auch, schon sehr, sehr lange unter der Herrschaft der gleichzeitig entstandenen Unbewusstheit stehen. Deshalb dauert es auch sehr, sehr lange, sie abzubauen.

Das Missverständnis des Getrenntseins ist tief in uns verwurzelt. Sogar Tiere haben das angeborene Gefühl, eine getrennte Einheit zu sein. Aber im Gegensatz zu Tieren haben wir die Fähigkeit nachzudenken. Wir können unser recht hoch entwickeltes Gehirn nutzen, um zu erkennen, dass unser Missverständnis wirklich ein Missverständnis ist – dass wir von einem Augenblick zum anderen die Chance haben, wenn auch nur für kurze Zeit, wieder mit diesem Urgrund zu verschmelzen.

Doch selbst wenn wir davon überzeugt sind, können wir unser vertrautes Gefühl des Getrenntseins nicht aufgeben, indem wir einfach nur wollen, dass es verschwindet. Was wir jedoch tun können, ist meditieren. Während einer Sitzung auf unserem Meditationskissen können wir selbst sehen, wie fließend unser Bewusstsein ist. Wir können beobachten, wie unsere Gedanken, Gefühle und Wahrnehmungen aufkommen und verschwinden und dieser Prozess sich ununterbrochen fortsetzt.

Wir können auch sehen, wie rätselhaft unsere Gedanken sind. Woher kommen sie alle? Und wohin gehen sie? Und warum nehmen wir das, was im Kopf vor sich geht, so ernst? Wie ist es möglich, dass unsere Gedanken, obwohl sie so schwer fassbar sind wie Nebel, uns endlos unnötige Probleme bereiten?

Wie kommt es, dass sie uns besorgt, eifersüchtig, angriffslustig, euphorisch und deprimiert machen?

Mithilfe der Meditation können wir erkennen, wie wenig greifbar der Geist und unsere Vorstellung eines »Ich« sind. Wenn wir Meditation praktizieren, gewöhnen wir uns allmählich daran, dass Erfahrungen ständig fließen. Wir sehen, dass dies selbst dann geschieht, wenn wir kein Subjekt ausmachen können, das sie erlebt.

Aus dieser Sicht gibt es kein festgefügtes Wesen, das durch die Bardos geht. Man könnte auch sagen, dass es kein kontinuierlich fortbestehendes Individuum gibt, das Leben und Tod erlebt. Niemand lebt, und niemand stirbt. Leben und Tod, Anfang und Ende, Gewinne und Verluste sind wie ein Traum oder eine magische Illusion.

9

Die zwei Wahrheiten

In den buddhistischen Lehren gibt es die Vorstellung, dass alles zwei Wahrheitsebenen hat, eine relative und eine absolute: wie unsere Erfahrung des Lebens ist, wenn wir mittendrin sind, und wie wir es mit Distanz erfahren, wenn wir eine umfassendere Perspektive einnehmen können. Ich stelle mir die relative Wahrheit gern als das vor, was in die »Geschichte« eines normalen Tages einfließt: was wir sehen, hören und denken, unsere Gefühle gegenüber den Menschen und Objekten, die uns begegnen, wie wir zur Welt stehen, wie die Dinge erscheinen und funktionieren. Bäume wachsen aus dem Boden und viele verlieren ihre Blätter im Herbst. Diese Aussagen entsprechen der »Wahrheit«, weil jeder ihnen zustimmt. Es gibt eine Konsens-Realität, der wir beipflichten. Wenn jemand sagt: »Bäume wachsen vom Himmel herab«, dann meinen wir, es entspräche nicht der Wahrheit, weil das nicht die Realität des Konsenses ist. Für uns Menschen ist die Existenz von Bäumen eine relative Wahrheit, die auf Übereinkunft beruht. Aber wir können davon ausgehen, dass Termiten keinen »Baum« wahrnehmen. Sie sehen dasselbe als das an, was es für sie bedeutet: Nahrung und Lebensraum. Etwas so Unumstrittenes wie ein Baum ist also in Wirklichkeit davon abhängig, wer oder was ihn betrachtet, wann er betrachtet wird, wie genau hingesehen wird und was er, sie oder es sehen will.

Das gilt für alles im Universum. Unsere relative Welt ist weniger festgelegt und offener für Interpretationen, als wir normalerweise eingestehen wollen. Hier kommen relativ und absolut zusammen. Wenn wir etwas ohne unsere üblichen Konzepte wahrnehmen, entdecken wir *Shunyata* oder »Leerheit«, ein oft missverstandenes Wort. Leerheit bezieht sich nicht auf eine Leere: Sie steht nicht für eine kalte, dunkle Welt, in der nichts eine Bedeutung hat. Vielmehr ist damit gemeint, dass alles, was wir untersuchen, frei – »leer« – von unserer konzeptuellen Interpretation, unseren Ansichten und Meinungen ist. Nichts auf dieser Welt ist feststehend, nichts ist dauerhaft und endgültig so oder anders. Alle Phänomene sind so, wie sie sind, frei von unseren Urteilen und vorgefassten Meinungen.

So sehe ich eine Maus und denke: »Niedlich.« Jemand anders findet sie angsteinflößend. Bei einer dritten Person löst sie Aggressionen aus, also Vorsicht, kleine Maus! Aber die Maus an sich – von ihrer Natur her – ist nichts von alledem. Trotz all unserer Vorstellungen und Meinungen über diese kleine Kreatur bleibt die Maus einfach Maus, so wie sie ist, frei von unseren konzeptuellen Überlagerungen.

»Absolute Wahrheit« bezieht sich auf diese offene, unbestimmbare Natur der Welt und alles in ihr: uns selbst, andere Lebewesen, die Umwelt, alles. Sie heißt »absolut«, weil sie von nichts anderem abhängig und trotzdem wahr ist. Sie ist schlicht das, was die Natur der Dinge ist. Wenn wir einen Schritt zurücktreten und uns einfach entspannt auf diese absolute Wahrheit einlassen, werden wir uns viel weniger darauf versteifen, dass das Leben nach unseren Bedingungen abläuft, und tendenziell viel mehr daran denken, wie unsere Handlungen das Ganze beeinflussen.

Als der Astronaut Edgar Mitchell 1971 den Mond betrat und die Erde aus dieser weiträumigen Perspektive sah, erkannte er, dass es nur eine einzige Erde war und dass alle menschengeschaffenen Trennungen und Spaltungen – die so viel Leid verursacht haben – willkürlich und bedeutungslos waren. Er erkannte, dass wir Erdenbewohner zusammenarbeiten müssen und dass jegliches Getrenntsein eine Illusion ist. »Vom Mond aus«, sagte er, »wirkt die internationale Politik so belanglos.« Mitchell hatte eine absolute Erfahrung, wie die Dinge wirklich sind. Nach seiner Heimkehr beeinflusste diese Perspektive seine Lebensführung weiterhin. Dennoch musste er immer noch mit der relativen Welt zurechtkommen und damit, wie sie seine gewohnten Neigungen triggerte und ihn dazu brachte, Barrieren zwischen sich und anderen zu errichten – dieselben leiderzeugenden Barrieren, die er vom Weltraum aus als bedeutungslos angesehen hatte.

Als ich noch sehr jung war, hatte ich eine Erfahrung des Absoluten. Sie war so direkt, dass es hilfreich sein könnte, sie hier wiederzugeben. In einer Sommernacht lag ich auf dem Rücken und blickte hinauf zu den Sternen – das hatte ich vorher schon oft getan. Ebenso wie vor mir viele andere zu allen Zeiten war ich fasziniert von dem Gefühl, das mir der Anblick der Sterne vermittelte. An jenem Abend änderte sich jedoch etwas für mich – ich hatte ein Aha-Erlebnis. Plötzlich wusste ich, ohne darüber nachzudenken, dass dies derselbe weite Raum war, den die Kinder im alten Griechenland und die Urzeitmenschen erlebt hatten. Ich wusste, dass er schon vor meiner Geburt hier war und auch nach meinem Tod da sein würde. Jahrelang war dies mein persönliches Geheimnis, das ich nicht verderben wollte, indem ich darüber sprach.

Die Sterne zu sehen war eine relative Erfahrung, die ich eines Nachts in New Jersey im Jahr 1943 machte. Doch die Gewissheit, dass dieser Raum schon immer dagewesen war und immer da sein würde, war eine absolute, zeitlose Erfahrung.

Das Wort »absolut« klingt eindrucksvoller als »relativ«, aber wir brauchen nicht zu glauben, dass eine Wahrheit der anderen überlegen ist. Wir können die Schönheit eines Baumes voll und ganz erleben, ohne dabei zu denken, dass unsere Art, den Baum zu betrachten, die einzig richtige ist. Wir können seinen Schatten an einem heißen Tag genießen in dem Wissen, dass er viel geheimnisvoller ist, als wir gemeinhin vermuten. Unser Ziel auf dem spirituellen Weg ist es nicht, das Relative loszuwerden und in der Leerheit zu verweilen. Die beiden Wahrheiten gehen Hand in Hand.

Die Begriffe »relativ« und »absolut« geben uns die Möglichkeit, über dasselbe Thema aus zwei verschiedenen Blickwinkeln zu sprechen. Wenn wir sagen, dass nichts durch die Bardos geht, sprechen wir aus einer umfassenderen Perspektive, vom absoluten Standpunkt aus. Das Bewusstsein, das all unsere Momente durchläuft und die Kluft zwischen den Leben überbrückt, löst sich ständig auf und formt sich neu. Sosehr wir uns auch bemühen, wir finden nie etwas, auf das wir den Finger legen können.

Im Absoluten lebt niemand, stirbt niemand, und niemand geht durch den Bardos. Doch im Relativen trauern wir, wenn ein geliebter Mensch stirbt. Aus der relativen Perspektive gesehen empfinden wir Schmerz und Freude, Hoffnung und Angst, haben Gedanken und Wahrnehmungen, machen die Erfahrung von Leben und Tod. Aus der relativen Perspektive wirkt sich alles, was wir tun, auf uns und unsere Welt aus, und alles, was wir tun, zählt.

Unsere Handlungen haben immer Konsequenzen. Padmasambhava – bekannt als Guru Rinpoche –, der indische Lehrer aus dem achten Jahrhundert, der den Buddhismus in Tibet begründete, sagte: »Selbst wenn meine Sicht höher reicht als der Himmel, ist die Aufmerksamkeit, die ich auf meine Taten und ihre Wirkungen richte, feiner als Mehl.« Obwohl er ein erleuchteter Meister war, wusste er, wie wichtig es war, dass er auf die relativen Details seines Lebens und die Folgen seiner Handlungen achtete.

Der Buddha gab seine Lehre nicht deswegen an seine Schüler weiter, damit sie in einem kalten, intellektuellen Reich endeten, das von der täglichen Erfahrung abgekoppelt war, im Gegenteil: Häufig lehrte er darüber, wie wir uns so verhalten sollen, dass es uns und anderen Freude und Linderung vom Leiden bringt. Diese Lehren umfassen tiefgreifende, konkrete Ratschläge, wie wir leben und dem Tod begegnen können. Sie beruhen auf den zwei Wahrheiten: der Einsicht, dass wir alle, auch wenn auf der absoluten Ebene nichts wirklich geschieht, lieber glückliche als leidvolle Erfahrungen machen möchten.

10

Neigungen

Bevor wir mit der Beschreibung der Reise nach dem Tod und der Erfahrungen der nächsten Bardos fortfahren, halte ich es für sinnvoll, eine Pause einzulegen und einige von Herzen kommende Worte dazu zu sagen, wie wir mit unserem Geist, unseren Gefühlen und Neigungen arbeiten können. Warum ist das wichtig? Weil die Art und Weise, wie wir mit dem Geist, den Gefühlen und Neigungen arbeiten, während wir die Höhen und Tiefen des Bardo dieses Lebens durchlaufen, das ist, was wir auf unserer weiteren Reise mitnehmen. Es heißt zwar »Man kann nichts mitnehmen«, aber unseren Geisteszustand und unsere emotionalen Muster nehmen wir tatsächlich mit. Und ebenso, wie Gedanken und Gefühle unsere jetzige Erfahrung der Welt kreieren, so werden sie auch die Umgebung kreieren, in der wir uns nach dem Tod wiederfinden – sogar noch intensiver. Wenn Sie den Himmel erleben wollen, arbeiten Sie mit Ihren Gedanken und Gefühlen. Wenn Sie die Hölle vermeiden wollen, arbeiten Sie mit Ihren Gedanken und Gefühlen. So ist es. Deshalb werde ich in den nächsten Kapiteln einige praktische Anleitungen geben, wie wir uns mitfühlend mit unseren Gewohnheitsmustern und Gefühlen verbinden können. Als Trungpa Rinpoche gefragt wurde, was durch die Bardos geht, antwortete er mit einem breiten Lächeln: »All deine schlechten Gewohnheiten.« Ich fasste es so auf: Alle Gewohnheiten, mit denen ich in diesem Leben nicht Freundschaft geschlossen und die ich nicht losgelassen hatte, würden durch den Zwischenzustand weiterreisen, um in der Zukunft an irgendein armes Kind weitergegeben zu werden.

In den Siebzigerjahren, als mein Sohn und meine Tochter Teenager waren, nahm ich sie und einen ihrer Freunde mit zu einer Begegnung mit Seiner Heiligkeit dem 16. Karmapa, der zu den Lehrern gehörte, die mir am meisten bedeuteten. Meine Kinder sind zwar keine Buddhisten, aber sie standen dem Dharma immer wohlwollend gegenüber und waren bereit, ihre begeisterte Mutter bei Laune zu halten. Seine Heiligkeit sprach kein Englisch, sodass wir uns über einen Dolmetscher verständigten. Ich bat den Karmapa, zu den Kindern zu sprechen, und er gab ihnen eine kleine Unterweisung über den Buddhismus. Nach einer Weile, als er kurz innehielt, sagte ich ihm respektvoll, dass die Kinder keine Buddhisten seien, und fragte ihn, ob er etwas sagen könne, das für sie trotz ihres fehlenden Hintergrunds von Bedeutung wäre.

Seine Heiligkeit der Karmapa war ein großer, ehrfurchtgebietender Mann, und wir saßen ziemlich nahe bei ihm. Er schaute die drei Jugendlichen eindringlich an und sagte: »Ihr werdet sterben.« Dann fügte er hinzu: »Und ihr werdet nichts mitnehmen außer eurem Geisteszustand.«

Was Trungpa Rinpoche über schlechte Gewohnheiten sagte, war eine relative Lehre darüber, was durch die Bardos geht. Ken McLeods Kommentare, dass im Grunde *nichts* die Bardos durchläuft, gehen von einem absoluten Standpunkt aus. Die Worte des Karmapa an die Teenager waren etwas von beidem – denn was genau meinte er mit »eurem Geisteszustand«?

Es klingt, als würde etwas Statisches beschrieben, aber wie bereits erläutert, verändert sich der Geisteszustand ständig. Wir gehen unablässig von einem in den anderen über. Es gibt nur diesen Fluss des Geistes – einen Geistes- bzw. Bewusstseinsstrom. Dennoch folgt unser Geistesstrom einem bestimmten Verlauf, der nicht zufällig ist. Er wird durch unsere Gewohnheiten, unsere Tendenzen, unsere Neigungen bestimmt. Was ist damit gemeint?

Entsprechend den Lehren des Buddha über Karma – über Ursache und Wirkung – hinterlässt alles, was wir tun, sagen oder sogar denken, eine Prägung im Geist. Wenn wir ein Mal etwas tun, tun wir es wahrscheinlich wieder. Reagieren wir in einer Situation auf eine bestimmte Art und Weise, reagieren wir das nächste Mal, wenn eine solche Situation eintritt, wahrscheinlich genauso. So entwickeln sich gewohnheitsmäßige Neigungen. Infolgedessen sind unser Verhalten und unsere Reaktionen normalerweise vorhersehbar. In bestimmten Situationen sind wir sehr großzügig, in anderen auf Selbstschutz bedacht. In manchen sind wir tolerant, in anderen reizbar; in manchen sind wir zuversichtlich, in anderen unsicher. Und jedes Mal, wenn wir auf gewohnte Weise reagieren, verstärken wir unsere Neigungen. Das ist vergleichbar mit den Erkenntnissen der Neurowissenschaften, die zeigen, wie sich Bahnen im Gehirn durch unsere gewohnheitsmäßigen Handlungen und Denkmuster verstärken.

Angenommen, Sie neigen dazu, sich unzulänglich zu fühlen, vor allem, wenn es um Ihre Arbeit geht. Sie sitzen im Büro und unterhalten sich mit zwei Kollegen, als Ihre Vorgesetzte hereinplatzt und sagt: »Da habt ihr aber Mist gebaut!« Die Vorgesetzte kritisiert eigentlich alle drei, aber vor allem Sie haben die Neigung, Kritik persönlich zu nehmen, sodass Sie völlig niedergeschmettert sind, als wäre alles Ihre Schuld. Ihre Neigung hat bereits eine lange Vorgeschichte, und die Bemerkung der Vorgesetzten scheint das, was gegen Sie spricht, noch zu verstärken.

Nun geraten Sie in Ihre altvertraute »Storyline«: »Nie kriege ich etwas richtig hin. Ich bin nichts wert, ein hoffnungsloser Fall. Ich vermassele es immer.« Sie empfinden sich als Niete. Und hinter all diesen Konzepten steht ein furchtbar unangenehmes Gefühl, das Sie mit allen Mitteln loswerden wollen.

In diesem Szenario mag es so aussehen, als wären die Worte der Vorgesetzten die Ursache Ihres Leidens. Sie sind jedoch nur der Auslöser. Die eigentliche Ursache ist Ihre Neigung, die schon vorher da war. An dieser Stelle ist der Hinweis wichtig, dass es nicht darum geht, dem Opfer Vorwürfe zu machen. Sie sind sich alle drei darin einig, dass die Worte der Vorgesetzten niederträchtig und unsensibel waren. Gleichzeitig ist es jedoch wichtig, das Gesamtbild dessen, was geschieht, zu sehen. Ihre Neigung, sich unzulänglich zu fühlen, war vorher schon ein wiederkehrendes Thema in Ihrem Leben. Die Äußerung »Da habt ihr aber Mist gebaut« war der Auslöser, der die richtigen Bedingungen dafür geschaffen hat, dass es voll und ganz zutage treten konnte. Es ist wie bei einer Krokuszwiebel, die den Großteil des Jahres unter der Erde schlummert und im Frühjahr, wenn die richtigen Ursachen und Bedingungen gegeben sind, plötzlich zu einer leuchtenden Blume heranwächst.

In diesem Beispiel machen die beiden anderen Personen, die kritisiert werden, aufgrund ihrer jeweiligen Neigungen ganz andere Erfahrungen. Einer von ihnen tendiert dazu, wütend zu werden und etwas zu unternehmen, also marschiert er wutentbrannt zur Vorgesetzten, druckt ein paar Plakate aus und sammelt Unterschriften von allen möglichen Leuten.

Bei der dritten Person wird zwar keine defensive Reaktion getriggert, aber auch sie handelt entsprechend ihrer eigenen Neigung. Ihre erste Reaktion in jeder unangenehmen Arbeitssituation besteht darin, dass sie Frieden stiften will. Dementsprechend erkennt sie an, dass die Äußerung der Vorgesetzten ungeschickt war, und ermuntert die gesamte Gruppe, an einem Workshop über effektive und gewaltfreie Kommunikation teilzunehmen.

Rückblickend denke ich heute, dass der Karmapa mit dem, was er meinen Kindern gesagt hat, etwas in dieser Richtung gemeint hat: »Wenn ihr sterbt, nehmt ihr nur eure Neigungen mit.« Und damit gab er uns einen wirksamen unausgesprochenen Rat: »Kümmert euch also besser jetzt um eure Neigungen, solange ihr noch Zeit habt.«

Wir haben bereits reichlich Erfahrung damit, welche Probleme unsere Neigungen im jetzigen Leben verursachen. Unsere nicht hilfreichen Denkmuster und selbstzerstörerischen emotionalen Gewohnheiten haben uns immer wieder beeinträchtigt. Unsere Neigungen stören uns nicht nur innerlich, sondern sie manifestieren sich auch als schwierige äußere Situationen. Manche Menschen haben immer ein Problem mit ihrem Chef. Egal wie oft sie den Arbeitsplatz wechseln, sie finden sich immer wieder in derselben unangenehmen Situation wieder. Andere haben wiederum Probleme mit Nähe in Beziehungen. Egal mit wem sie zusammen sind, ihr Problem mit der Nähe bleibt bestehen. Wechselnde Darsteller, wechselnder Schauplatz, aber das grundlegende Drama bleibt dasselbe. Das liegt daran, dass unsere gewohnheitsmäßigen Neigungen das Drehbuch schreiben.

Ein anderer Aspekt dieser Neigungen ist der, dass sie nicht von selbst aufhören. Wir sollten sie erkennen, wenn sie sich bemerkbar machen und uns nicht so vorhersehbar verhalten. Immer wieder müssen wir einen Weg finden, etwas anders zu machen. Tun wir das nicht, werden sie uns für den Rest unseres Lebens verfolgen. Wir können sogar noch weiter gehen und sagen, dass sie uns über dieses Leben hinaus verfolgen werden – durch die Bardos und bis ins nächste Leben – und eine Szene nach der anderen schreiben. Sie werden die äußeren und inneren Umstände des nächsten Augenblicks, des nächsten Tages, des nächsten Lebens und all unserer künftigen Leben schaffen.

Die Kehrseite der Medaille ist: Aufgrund der starken Verbindung zwischen dem Geist und unserer Welt werden wir oft merken, dass die Veränderung unserer mentalen und emotionalen Gewohnheiten sich stark auf unsere äußere Erfahrung auswirkt. Es scheint wie ein Wunder, aber bei näherer Betrachtung ist es ganz einfach und klar. Wenn Sie an Ihrer Neigung zum Neid arbeiten, hat es den Anschein, als gäbe es immer weniger Menschen, die dieses Gefühl in Ihnen auslösen. Wenn Sie an Ihrer Wut arbeiten, werden andere Sie nicht mehr so wütend machen.

Wie können wir also »einen guten Umgang mit unseren Neigungen« finden? Indem wir sie freundlich und besonnen kennenlernen. Wir erkennen an, wie groß ihr Einfluss ist, aber wir machen sie uns nicht zum Feind. Einer meiner Lehrer, Tsoknyi Rinpoche, nennt sie unsere »schönen Monster« und rät uns, behutsam mit ihnen umzugehen – sie weder auszuleben noch zu unterdrücken, sondern uns mit ihnen, so wie sie sind, anzufreunden. Wenn dann eine Person oder ein Ereignis leidvolle Gefühle bei uns auslöst, können wir zwischen Auslöser und Neigung unterscheiden. Dann können wir uns so offen und objektiv wie möglich fragen: »Was ist die Hauptursache für mein Leiden? Mein Vorgesetzter oder meine Neigungen?« Eine solche Nähe und freundschaftliche Beziehung zu unseren Neigungen schaffen die richtigen Ursachen und Bedingungen, damit sie sich lockern und auflösen können.

Wenn Sie sich zum Beispiel oft mit Ihrem Partner gestritten haben und ihn jetzt mit einer anderen Person lachen und ihr zulächeln sehen – sofort steigt der Schmerz der Eifersucht in Ihrem Herzen auf. Doch anstatt gewohnheitsmäßig auf dieses Gefühl zu reagieren, indem Sie sich beispielsweise betrinken oder passiv-aggressiv sprechen, fragen Sie sich doch einmal: »Was ist die Ursache für meinen Schmerz? Das Lachen und Lächeln? Oder ist es meine schon vorhandene Neigung, eifersüchtig zu werden?« Dann können Sie in Ihren Körper hineinspüren und mit dieser Neigung in Kontakt treten. Wie fühlt sie sich an? Ist sie fest oder locker, zusammengezogen oder ausgedehnt? Hat sie eine Temperatur, eine Farbe, eine besondere Eigenschaft? Wenn Sie das unangenehme Gefühl der Eifersucht achtsam und sanft untersuchen, werden Sie viel darüber erfahren. Sie sehen dabei Ihre eigene Geschichte. Sie erkennen allmählich Muster. Sie verstehen, dass dieses Gefühl in Ihrem Leben oft auftaucht und dass Sie dann dazu tendieren, ein Chaos zu erzeugen. Das könnte der Startpunkt sein, an dem Sie sich um diese Neigung kümmern. Es könnte die einsetzende Erkenntnis sein, dass Ihre Neigungen nur fließende Empfindungen sind, die nichts mit gut oder schlecht zu tun haben.

Sobald Sie durch diesen Prozess etwas gelernt haben, ist es natürlich auch möglich, dass Sie in weniger hilfreiche Richtungen gehen. Sie könnten einfach mit Ihrer gewohnten Vorgehensweise fortfahren, so unbeeinflusst von Ihrer Selbstreflexion, als hätten Sie gerade eine unwichtige Tatsache über ein Thema gelernt, das Ihnen nicht viel bedeutet. Schlimmer noch, Sie könnten Ihre Selbsterkenntnis benutzen, um sich selbst zu verurteilen: »Ich habe diese schreckliche Neigung, die mich zu einem schrecklichen Menschen macht. Auch wenn es mir peinlich ist, dass ich mich so verhalte, bin ich doch dazu verdammt, für den Rest meines Lebens aus Eifersucht heraus zu handeln.«

Keine dieser Optionen ist hilfreich, um uns mit unseren schönen Monstern anzufreunden. Denn wir denken und handeln dann weiterhin auf dieselbe Weise, verstärken unsere Neigungen und machen uns unnötig unglücklich – so, als fänden wir unerwünschte Samen im Garten und gäben ihnen mehr Wasser und Nährstoffe, damit sie wachsen.

Die hilfreichste Alternative ist die, objektiv zu betrachten, was vor sich geht, und etwas daraus lernen zu wollen, etwas, was uns in die Lage versetzt, klar zu erkennen, wie wir weiter vorgehen können. Ein solcher Umgang mit unseren Neigungen im täglichen Leben wird sich zum Zeitpunkt des Sterbens definitiv auszahlen. Vor dem Tod, während des Sterbeprozesses und darüber hinaus erleben Menschen sicherlich ein breites Spektrum an starken Emotionen, und es ist wichtig, wie wir damit umgehen.

11

Fühle, was du fühlst

»Ist der Tod ein Feind oder ein Freund?
Das, meine Lieben, hängt von euch ab.«

Dieses Zitat hing an einer Wand in San Francisco und ließ mich innehalten und nachdenken. Natürlich: Ob Alter, Krankheit oder Tod unsere Freunde oder Feinde sind, hängt ganz von uns ab. Es hängt alles von unserer Geisteshaltung ab. Und zu einem großen Teil hängt es auch davon ab, wie wir mit unseren Gefühlen arbeiten. Wie arbeiten Sie jetzt gerade mit Ihren Gefühlen? Es lohnt sich, dem nachzugehen. Zu wissen, wie wir mit unseren Emotionen arbeiten können, ist der Schlüssel zu Ausgeglichenheit und Gelassenheit. Eigenschaften, die uns unterstützen, wenn wir all die Übergänge und Zwischenräume durchlaufen, die uns noch bevorstehen.

Einer der berühmtesten Sprüche aus dem populären buddhistischen Text *Die sieben Punkte der Geistesschulung* lautet: »Weise alle Schuld dem einen zu.«[5] Als ich mich anfangs mit diesem Spruch befasste, hatte ich eine Ahnung von dem zugrunde liegenden Gedanken: Es mag zwar so aussehen, als würden äußere Umstände uns provozieren und unser Leid hervorrufen, aber die wahre Schuldige ist immer unsere Ich-Anhaftung. Dennoch fiel es mir viele Jahre lang schwer, diese Lehre selbst anzuwenden. Zunächst einmal war ich mir nicht ganz sicher, was mit »Ich-Anhaftung« gemeint war. Es schien ein abstraktes Konzept zu sein, und ich wusste nicht, wie ich es auf meine eigenen Erfahrungen beziehen sollte. Ich hatte auch Schwierigkeiten mit dem Begriff »Schuld«. Für mich klang das, als sollte ich mir selbst die Schuld geben, wozu ich ja ohnehin neigte. Ich wusste, dass die Lehre nicht darauf abzielte, war mir aber nicht sicher, wie ich sie sonst interpretieren sollte.

Dann hörte ich einen Vortrag von Dzigar Kongtrul Rinpoche, in dem er den Ausdruck »die Neigung, sich stören zu lassen« verwendete, und da machte es bei mir Klick. Obwohl er nicht direkt von »Alle Schuld dem einen zuweisen« sprach, begann ich zu verstehen, dass dieser Spruch eine Lehre über Neigungen ist. Während mir Ich-Anhaftung abstrakt und konzeptuell erschien, war die Art und Weise, wie wir Ich-Anhaftung erleben – unsere Neigungen – etwas, das ich im täglichen Leben sehr gut kannte. Der Spruch ermutigte mich, meine Neigungen, meine schönen Monster, als Ursache für unnötiges Unglücklichsein zu erkennen.

Der Dharma sagt uns, dass all unsere Erfahrungen des Unbehagens, der Angst, der Beunruhigung und des Sich-gestört-Fühlens in unseren *Kleshas* wurzeln. Dieser Sanskrit-Begriff bedeutet sinngemäß »destruktive Emotionen« oder »leidverursachende Emotionen«. Die drei wichtigsten Kleshas sind Gier, Aggression und Unwissenheit. Die ersten beiden bedürfen keiner großen Erklärung. »Gier« wird zu einer zerstörerischen Emotion, wenn sie zu einer Sucht oder Besessenheit wird. Mir wurde einmal eine asiatische Süßigkeit mit dem Markennamen »Baby Want-Want« geschenkt. Das fasst Gier ganz gut zusammen. Wir glauben, dass uns etwas Freude bereitet oder Trost spendet, also wollen wir es unbedingt haben oder behalten. »Aggression« ist das Gegenteil: Wir wollen etwas loswerden, das wir als Bedrohung für unser Wohlbefinden empfinden. »Unwissenheit« als destruktives Gefühl ist etwas schwieriger zu verstehen. Es ist ein dumpfer, gleichgültiger Geisteszustand, der tiefreichenden Schmerz enthält. Unwissenheit kann sich darin äußern, dass wir teilnahmslos sind, geistig träge, dass uns egal ist, was wir fühlen oder was andere durchmachen. Wenn dieser Geisteszustand uns beherrscht, kann er zu einer Depression werden.

Diese Kleshas werden oft als die »drei Gifte« bezeichnet, weil sie, wie Anam Thubten sagt, unser Glück abtöten. Dies geschieht oft auf zwei Arten. Zuerst leiden wir, während wir Ärger, Sucht, Depression, Eifersucht und den Rest empfinden; dann leiden wir weiter als Folge der schädlichen Handlungen, die diese Gefühle hervorrufen.

Wahrscheinlich haben Sie schon selbst die Erfahrung gemacht, dass Sie unglücklich sind, wenn diese Gifte sich in Ihrem Leben bemerkbar machen. Aber wie genau töten sie Ihr Glück? Den Lehren des Buddha zufolge bewirken nicht die Gefühle an sich, dass wir leiden. In ihrer Reinform – bevor wir gegen sie ankämpfen und unser Denkprozess mit ins Spiel kommt – sind sie nur Empfindungen oder Energieformen. Sie sind nicht an sich gut oder schlecht. Das im Sinn zu behalten ist wichtig. Der zerstörerische Aspekt der Aggression zum Beispiel ist nicht das Gefühl, sondern unsere Ablehnung dieses Gefühls und das, was wir als Reaktion darauf tun. Nicht die Grundenergie, sondern die Nebeneffekte, die die buddhistische Lehrerin Sharon Salzberg als Add-ons – Zusätze – bezeichnet, sind »schuld«.

Wenn Klesha-Energie auftaucht, reagieren wir tendenziell auf eine von mehreren möglichen Arten. Eine besteht darin, sie auszuagieren – entweder körperlich oder mit Worten. Eine andere ist, die Emotion zu unterdrücken, abzustumpfen und sie nicht mehr zu fühlen, was bedeuten kann, dass wir unsere Aufmerksamkeit ablenken, indem wir uns zum Beispiel mit Netflix

»wegzoomen«. Eine dritte häufige Reaktion ist die, dass wir uns geistig in irgendeine Geschichte hineinsteigern, oft eine, die mit Schuldzuweisungen verbunden ist. All diese Reaktionen beruhen darauf, dass wir das Unbehagen der Energie nicht ertragen können. Entsprechend unserer Neigung stört uns diese Energie, also versuchen wir, dem Unbehagen dadurch zu entkommen, dass wir die Ursache loswerden. Eine solche Herangehensweise ähnelt der eines Tyrannen, der den Überbringer einer schlechten Nachricht tötet, statt sich mit der Nachricht selbst zu befassen. Wenn wir in eine solche Reaktion verfallen, verstärken wir jedoch nur unsere leiderzeugenden Gewohnheiten und sorgen dafür, dass unser Elend auf lange Sicht weiterbesteht. Irgendwie ist das eine schwer zu lernende Lektion.

Wir alle haben solche Gewohnheiten. Es gibt keinen Grund, uns selbst oder jemand anderem die Schuld für diesen Prozess zu geben. Statt uns Vorwürfe zu machen oder hilflos zu fühlen, können wir altbewährte Methoden anwenden, um mit Gefühlen konstruktiv umzugehen. Wie alles andere im Universum sind auch die Kleshas und unsere Reaktionen darauf unbeständig und ohne Essenz. Und dadurch ist es möglich, Gewohnheiten zu ändern.

Was unseren Emotionen normalerweise Macht verleiht, ist die Tatsache, dass wir ihrer nicht gewahr sind. Sie ins Bewusstsein zu bringen ist der magische Schlüssel. Wenn wir bewusst wahrnehmen, was geschieht, sind sie nicht mehr imstande, uns unglücklich zu machen.

Der erste Schritt jeder Methode der Arbeit mit Gefühlen besteht einfach darin zu erkennen, was gerade vor sich geht. Kleshas zeichnen sich unter anderem dadurch aus, dass sie tendenziell nicht erkannt werden. Wir bemerken sie erst, wenn sie sich voll ausgeprägt haben. Wir sind uns der Emotion nicht bewusst, solange sie nur im Stadium der Glut ist; und wenn wir riechen, dass es brennt, oder die Hitze des Feuers spüren, ist es zu spät. Wir haben mit Worten oder Taten zugeschlagen oder schon zu viel getrunken.

Hier ein recht häufiges Beispiel für den Lebenszyklus eines Klesha: Im Flur sehen Sie jemanden, mit dem Sie Probleme haben. Sie spüren eine schwache Anspannung in den Schultern oder ein leichtes Ziehen in der Brust. Das ist das Stadium der Glut. Und ehe Sie sichs versehen, haben Sie verurteilende oder nachtragende Gedanken über diese Person. Diese Phase ist vergleichbar damit, dass die Holzscheite in einem Ofen Feuer gefangen haben. Die Hitze ist viel größer als in der Glutphase, aber zumindest hält sie sich noch in Grenzen. Selbst diese Stufe kann unbemerkt bleiben. Aber wenn Sie Ihre Storyline unbewusst immer weiter eskalieren lassen, ist es, als würden Sie Öl ins Feuer gießen. Irgendwann dämmt der Ofen das Feuer nicht mehr ein, und es könnte sogar auf Ihr Haus übergreifen und es abbrennen. An diesem Punkt werden Sie und alle anderen das Feuer zwar bemerken, aber es ist dann zu spät, um einen Großteil unabwendbaren Leids noch zu verhindern. Die Schaden anrichtende SMS ist bereits geschrieben, Sie haben schon auf »Senden« gedrückt, und es gibt keine Möglichkeit, sie zurückzunehmen.

Selbst dann gibt es noch Möglichkeiten, die Situation zum Besseren oder Schlimmeren zu wenden. In jedem Moment, in jeder Bardo-Erfahrung haben wir diese beiden grundlegenden Alternativen. Wir können dafür sorgen, dass unsere Misere eskaliert, oder sie deeskalieren. Wir können nutzlose Gewohnheiten verstärken oder uns offen damit auseinandersetzen. Wenn uns bewusster wird, was geschieht, können wir das Feuer im Stadium der Glut oder im Stadium des Ofens löschen und uns und anderen sehr viel Kummer ersparen.

Mithilfe einer regelmäßigen Meditationspraxis nehmen wir bewusster wahr, was im Geist vor sich geht; die mentale Unterströmung, die wir oft nicht bemerken, wenn wir von unseren täglichen Aktivitäten und Interaktionen in Beschlag genommen werden. Mit Meditation können wir allmählich einige der Gedanken im Stadium der Glut und einige unterschwellige Emotionen aufspüren, die, wenn sie unentdeckt bleiben, eskalieren, bevor wir sie bemerken.

Sobald wir uns des Kleshas bewusst geworden sind, besteht der nächste Schritt darin zuzulassen, dass wir es spüren – zu fühlen, was wir fühlen. Das klingt ganz einfach, aber für viele ist es eine ziemliche Herausforderung. Manche haben Schwierigkeiten, weil sie traumatisiert sind. Andere haben bestimmte Gefühle, denen sie sich – aus welchen Gründen auch immer – nicht stellen wollen. Doch wie alle anderen Dharma-Praktiken ist es auch eine *Praxis* zu fühlen, was wir fühlen. Es gibt Wege, sich darin zu üben und allmählich Fortschritte zu machen.

Beginnen Sie zunächst mit körperlichen Empfindungen, denn die sind relativ unkompliziert und gut zugänglich. Was empfinden Sie körperlich? Wenn wir nicht in Kontakt mit dem Körper sind, kann es eher dazu kommen, dass die Kleshas außer Kontrolle geraten. Sind wir dagegen präsent und körperlich verankert, können wir leichter mit dem Geist in Kontakt sein. Nehmen Sie also wahr, wie sich Ihr Körper anfühlt – die Schmerzen, das Jucken, die Empfindungen von Hitze und Kälte, die Stellen, die sich angespannt oder entspannt anfühlen.

Achten Sie dann darauf, in welchem Zustand Ihr Geist ist. Ist er aufgewühlt oder ruhig? In welcher Stimmung sind Sie? Welche Gefühle nehmen Sie wahr? Hier ist es sehr wichtig, eine neugierige, offene Haltung einzunehmen und nicht zu urteilen. Wenn wir uns selbst erlauben zu fühlen, was wir fühlen, können verschiedene Dinge in uns aufsteigen. Vielleicht haben wir leidvolle Erinnerungen oder extrem unangenehme Gefühle. Das ist zu erwarten und stellt kein Problem dar. Aber übertreiben

Sie es nicht, machen Sie keine Ausdauerprüfung daraus. Das Training sollte so weit wie möglich in einer Atmosphäre der Akzeptanz stattfinden.

Um die Fähigkeit weiterzuentwickeln, abschätzen zu können, was zu tun ist, wenn eine Emotion Sie packt, ist es hilfreich, sich an drei Worte zu erinnern: verkörpert, präsent und freundlich. Wenden Sie sich nach innen, in Ihren Körper, richten Sie die Aufmerksamkeit dorthin, wo Sie gerade jetzt sind, und seien Sie freundlich. Bei einer Gefühlsaufwallung können diese drei Worte Ihnen helfen zu deeskalieren. Die wichtigste Leitlinie ist, bewusst zu bleiben und, wie Tsoknyi Rinpoche sagte: »Ihr solltet bereit sein, etwas Unbehagen zu fühlen.« Schließlich geht es hier um eine Schulung sowohl für das Leben als auch für den Tod, und beide sind selten frei von Leid.

Im Lauf der Zeit habe ich herausgefunden, dass ich immer dann, wenn ich mir erlaubt habe zu fühlen, was ich fühle, geduldiger und nachsichtiger mir selbst gegenüber geworden bin. Jedes Mal kann ich mit dem Gefühl etwas länger entspannt verharren. Und jetzt kommt's: Während Kleshas Leid verursachen, ist die Klesha-Energie an sich eine grenzenlose Quelle kreativer Kraft, wie ein elektrischer Strom. Sie ist nichts, was man loswerden möchte. Der Trick ist, mit dieser Energie präsent zu bleiben und sie weder auszuagieren noch zu unterdrücken. Wenn Sie das tun – besser gesagt, wenn Sie es lernen –, finden Sie vielleicht etwas Bemerkenswertes heraus. In der grundlegenden Energie der Kleshas finden wir Weisheit – nicht fassbare, ichlose Weisheit – frei von Anhaftung und Fixierung.

In den Siebzigerjahren, als ich von Kleshas zerrissen wurde, sagte mir fast jeder spirituelle Lehrer, dem ich begegnete, ich solle diese Gefühle transzendieren und mich dem Licht zuwenden. Zum Glück für mich war ich außerstande herauszufinden, wie ich das anstellen sollte. Ich fand keine Methode. Ich sehnte mich danach, all diese stürmischen Gefühle zu transzendieren und hinter mir zu lassen, aber ich konnte es nicht. Dann erhielt ich Lehren von Trungpa Rinpoche über die Annäherung an die Klesha-Energie, und das hat mein Leben verändert.

12

Der erste Schritt zum Mut: Bewusstes Nichtreagieren

Da sind wir nun, Meditierende auf dem Pfad, auf der Reise von der Geburt zum Tod im Bardo dieses Lebens. Wie können wir es voll und ganz nutzen, sodass sowohl dieses Leben als auch unser Tod einen tiefen Sinn haben? Shechen Gyaltsab, ein großer spiritueller Meister, der 1926 starb, drückte es so aus: »Inmitten der flüchtigen Wolken der Illusion tanzt der Blitz des Lebens. Kannst du sagen, dass du morgen nicht tot sein wirst? Also praktiziere den Dharma.«

Den Dharma zu praktizieren bedeutet nicht nur, über die Lehren zu meditieren und darüber nachzusinnen, sondern auch, dass wir unser Verständnis dieser Lehren im täglichen Leben anwenden. Was mich anfangs unter anderem zum Buddhismus hingezogen hat, war, dass es konkrete Methoden gab, die hilfreich waren, um ein glücklicheres, sinnvolleres Leben zu führen. Es gab Lehren darüber, was Unzufriedenheit und Leid verursacht, und Anleitungen, wie man sich vom Leiden befreien kann. Tatsächlich lag darin das Ziel der Lehre des Buddha.

Die wahre Ursache unserer Unzufriedenheit liegt nicht im Außen, sondern in uns. Was uns den Tag verdirbt, ist weder unser Vorgesetzter noch unsere Erzfeindin, sondern es sind unsere Neigungen und negativen Gefühle. Wie immer wieder gelehrt wird, werden wir nirgendwo auf der Welt Glück finden, solange die Gifte der Kleshas weiterhin den Geist besetzen.

Der Buddha lehrte drei Hauptmethoden für den konstruktiven Umgang mit den Kleshas, die ich als »drei Schritte zum Mut« bezeichne. Er präsentierte sie in einer Reihenfolge, in der sie immer subtiler und tiefgründiger werden. Der erste Schritt besteht darin, bewusst nicht zu reagieren. Er basiert auf dem Eindruck, dass den Emotionen etwas Negatives anhaftet und wir darum alles tun sollten, um die Situation nicht noch zu verschlimmern. Bei der zweiten Methode, der Umwandlung der Kleshas in Liebe und Mitgefühl, gehen wir zu einer positiven Sichtweise der Emotionen über: Wenn wir sie richtig einsetzen, bringen sie Nutzen, keinen Schaden. Die dritte Methode besteht darin, Gefühle als direkten Weg zum Erwachen zu nutzen. Hier transzendieren wir die Dualität von gut und schlecht und lassen die Emotionen einfach so sein, wie sie sind.

Ich habe die Erfahrung gemacht, dass die Lehren über das bewusste Nichtreagieren sehr unpopulär sein können. Als ich einmal einen Vortrag zu diesem Thema hielt, meldete sich ein alter Freund zu Wort, sichtlich verärgert. Er sagte: »Du solltest so etwas nicht lehren. Das ist, als würden wir einen Deckel auf unsere Gefühle legen. Trungpa Rinpoche hätte uns das nie gelehrt.«

Abgesehen davon, dass ich diese Lehre wirklich von Trungpa Rinpoche erhalten habe, wurde mir damals klar, dass es wichtig ist, das bewusste Nichtreagieren in positivem Licht darzustellen. Als wichtigen Schritt, um aus der Weisheit der Gefühle zu schöpfen, und essenziell, um diese als einen direkten Weg zum Erwachen zu erfahren.

Mein Bruder pflegte zu sagen: »Immer wenn du hungrig, wütend, einsam oder müde bist – HALT.« Das ist eine Anweisung zum bewussten Nichtreagieren. Anstatt vorzupreschen und in alte Muster der Schuldzuweisung oder des Urteilens zurückzufallen oder auf andere Weise unseren Gefühlen aus dem Weg zu gehen, lassen wir Raum. Wir *halt*en inne. Wir verlangsamen unsere Reaktivität. Wenn ich die Praxis des bewussten Nichtreagierens lehre, stellen Zuhörer wie der oben erwähnte Freund oft Fragen, um sicherzugehen, dass ich sie nicht darin bestärke, sich vor ihren Problemen zu verstecken oder wegzulaufen. Wir sind so sehr ans Ausagieren und Aussprechen gewöhnt, dass wir, wenn wir es bewusst nicht tun, das Gefühl haben, Dingen auszuweichen, denen wir uns stellen sollten. Den Mund zu halten bedeutet dabei jedoch nicht, dass wir uns vor Auseinandersetzungen drücken. Vielmehr geht es darum, uns selbst die Zeit zu geben, die wir brauchen, um zu fühlen, was wir fühlen, und unsere Storyline zu unterbrechen. Was den Unterschied ausmacht, ist unsere Sichtweise. Wenn wir bewusstes Nichtreagieren als ein Mittel betrachten, uns abzuschotten, kann es leicht dazu werden. Betrachten wir es dagegen als eine Möglichkeit, uns zu öffnen und alles, was aufkommt, zuzulassen, dann wird uns diese Praxis gute Dienste leisten.

In seinem Buch *Emotionale Befreiung* bezeichnet Dzogchen Ponlop Rinpoche dies als »achtsame Lücke«[6]. Es ist, als würden wir einen Schritt beiseitetreten und präsenter werden für das, was geschieht. Wir lassen etwas Raum – achtsamen Raum – und sind körperlich verankert, präsent und freundlich. Die Energie der Kleshas kann sehr heftig sein. Daran muss man sich erst einmal gewöhnen. Bewusst nicht zu sprechen und zu handeln bedeutet, vertraut zu werden mit der transformativen Energie der Emotionen. Das erfordert Geduld und Zeit, das kann ich Ihnen versprechen. Es ist vergleichbar damit, einen alten Freund auf einer tieferen Ebene kennenzulernen. Die Energie des Freundes stellt uns vor Herausforderungen, und doch gehen wir mit ihm durch dick und dünn, weil wir ihn lieben.

Um es leichter zu machen, entspannt mit starker Klesha-Energie auszuharren, kann es hilfreich sein, es als einen Prozess der Reinigung von Gewohnheitsmustern zu betrachten. Da der Geist dazu neigt, sich leicht in Wiederholungsmustern zu verfangen, reagieren wir auf neue Erfahrungen genauso vorhersehbar wie seit jeher. Wir verstärken alte Gewohnheiten, indem wir sie immer wieder aufs Neue wiederholen. Wenn wir jedoch eine achtsame Lücke zulassen, reagieren wir nicht auf die gewohnte Art und Weise und können die Erfahrung durch uns hindurchgehen lassen. Dadurch wird unsere Gewohnheit geschwächt. Wenn wir das oft genug tun, können wir das karmische Muster schließlich ganz auflösen, sodass es nie wieder auftaucht.

Nach meiner Erfahrung ist es magisch, einen Raum zu lassen, bevor wir vorhersehbar reagieren. Was mich betrifft, so ermöglicht mir genau das, mich mit mir selbst anzufreunden, sodass ich klar sehen und die Richtung ändern kann. Ohne diese achtsame Lücke, ohne bewusstes Nichtreagieren, bleiben wir einfach in alten Mustern stecken und fragen uns immer wieder aufs Neue: »Wie bin ich nur in diesen Schlamassel geraten?«

Die Praxis des Inne-*HALT*-ens oder des bewussten Nichtreagierens ist die grundlegendste Art und Weise, mit unseren Kleshas zu arbeiten: nicht sprechen, nicht handeln, in Kontakt mit dem kommen, was wir fühlen. Es ist die erste Methode, die wir brauchen, denn wenn wir unsere Storylines aufrechterhalten oder ausagieren, haben wir keinen geistigen Raum, um die beiden anderen Praktiken anzuwenden: die Emotionen zu transformieren und sie als direkten Weg zum Erwachen zu nutzen. Oft wollen Praktizierende die erste Stufe überspringen, doch das ist zum Scheitern verurteilt. Wie Ken McLeod in *Leiden verwandeln, Glück schenken* sagt: »Es ist oft unvorstellbar beängstigend zu erleben, was in dir vorgeht. Aber wenn du frei sein willst, hast du keine andere Wahl.«[7]

13

Der zweite Schritt zum Mut: Ein positiver Blick auf die Kleshas

Die Sieben Punkte der Geistesschulung enthalten einen prägnanten Spruch über den zweiten Schritt zum Mut, Kleshas in Liebe und Mitgefühl zu transformieren: »Drei Objekte, drei Gifte, drei Samen der Tugend.« »Drei Objekte« bezieht sich auf drei Kategorien – Objekte, die wir als angenehm empfinden, solche, die wir als unangenehm wahrnehmen, und solche, die keine besonderen Empfindungen in uns auslösen. Die drei Gifte – Gier, Aggression und Unwissenheit – entstehen als Reaktion auf diese Objekte. »Drei Samen der Tugend« weist darauf hin, dass diese Gifte wertvoll sein können.

Tagein, tagaus, praktisch ununterbrochen macht nahezu jeder Mensch auf diesem Planeten die Erfahrung der drei Gifte. Manche sind mehr in Gier verstrickt, andere in Aggression und wieder andere in Unwissenheit, aber auf die eine oder andere Weise leiden wir alle unter den Giften, unseren Reaktionen auf sie und den Folgen dieser Reaktionen. Die Kleshas sind das unausweichliche Ergebnis der Illusion des Getrenntseins. Trungpa Rinpoche sagt in einem seiner Texte:

»Aus dem großen kosmischen Spiegel
ohne Anfang und ohne Ende
wurde die menschliche Gesellschaft manifest.
Zu dieser Zeit entstanden Befreiung und Verwirrung.«[8]

Ausgehend vom großen kosmischen Spiegel, dem Urgrund – dem offenen, unverfälschten Grund – erkennen wir entweder, dass wir ein Teil davon sind, oder wir erleben uns als getrennt. Sobald das Gefühl des Getrenntseins aufkommt, gibt es *ich* und *du*, *für mich* und *gegen mich*, *soll* und *soll nicht*. Und daraus entstehen die Kleshas. Die Natur der Kleshas ist immer dieselbe wie der Urgrund. Wenn man das aber nicht erkennt, verursachen sie mit Sicherheit viel Leid.

Die Energie der Kleshas ist also weder gut noch schlecht. Wenn das aber so ist, warum werden wir dann so von ihnen eingenommen? Die Antwort ist: wegen unserer Gedanken. Nur diese machen sie zu etwas Positivem oder Negativem. Da wir die Klesha-Energie – unserer generellen Neigung entsprechend – als schwierig handhabbar empfinden, laufen wir tendenziell vor ihr weg, und zwar so, dass es schädigend ist. Deshalb sollten wir den Prozess verlangsamen und eine achtsame Lücke zulassen.

Bei der Praxis der Transformation beginnen wir damit, dass wir eine achtsame Lücke lassen, und gehen dann einen Schritt weiter. Wir setzen unsere Gedanken bewusst ein, um den Kleshas eine positive Richtung zu geben. Das tun wir, indem wir den Schmerz unserer Emotionen – ebenjene Intensität, die wir normalerweise vermeiden – nutzen, um mit anderen in Verbindung zu treten.

Was auch immer wir in diesem Moment durchleben, andere machen dasselbe durch. Was auch immer unser Herz in Aufruhr versetzt, bringt auch das Herz unzähliger anderer in Aufruhr.

Zahllose andere werden von ihren Emotionen in Unruhe versetzt, verfangen sich in ihren Storylines, werden getriggert und reagieren destruktiv. Und diese Verwirrung, Angst, Bedrängnis zeigt sich auf vielerlei Weise. Sie kommt in sehr vielen Versionen daher. Doch es ist nie nur *mein* Schmerz. Alles, was ich fühle, empfinden alle anderen auch. Wenn ich Zorn fühle, kenne ich den Zorn aller Wesen. Wenn ich mit der anhaftenden Geisteshaltung unersättlicher Gier in Kontakt komme, kenne ich das Verlangen aller Wesen. Alle Gefühle sind universell, werden von uns allen empfunden. In diesem Sinne sitzen wir alle im selben Boot.

Wenn wir verwirrt, ängstlich oder verzweifelt sind, werden wir meistens völlig von unserem Unbehagen in Beschlag genommen, und das kappt unsere Verbindung zu anderen. Wir verlieren die offensichtliche Tatsache aus den Augen, dass niemand gerne gereizt, deprimiert oder unsicher ist, ebenso wenig wie wir. Niemand steht seinem eigenen Leiden gleichgültig gegenüber. Das wissen wir aus Erfahrung und durch alles, was wir sehen. Was diesen wesentlichen Punkt betrifft, so sind – und waren im Lauf der Zeit – alle genau wie wir selbst. Wir alle wollen frei sein von Schmerz in jeglicher Form. Wir alle wollen unsere Zeit auf dieser Erde genießen und sie nicht als Belastung erleben.

Die Lehren zur Transformation empfehlen, dass wir unseren emotionalen Schmerz als Sprungbrett nutzen, um unser Herz für andere zu öffnen. Ohne selbst Leid zu kennen, haben wir nur eine abstrakte Vorstellung davon, was andere durchmachen. Wenn wir also von Verlangen getrieben werden oder brennenden Zorn oder auch das abgekoppelte Gefühl der Unwissenheit empfinden, dann können wir dazu übergehen, diese Emotionen zu schätzen, anstatt sie abzulehnen, denn sie geben uns Einblick in die Erfahrung anderer. Sie können uns helfen,

Empathie für die gesamte Menschheit zu entwickeln. So werden die drei Objekte und Gifte in Samen der Tugend umgewandelt.

Angenommen, Ihr markantestes Klesha ist Unwissenheit. Wann immer Sie sich in einer problematischen Situation befinden, ein schwieriges Gespräch führen oder sich überfordert fühlen, ist es, als würde sich eine Plastikfolie zwischen Sie und die Außenwelt schieben. Sie können kaum sprechen oder eine Beziehung aufbauen. Diese Tendenz führt dazu, dass Sie enorm leiden. Ihrem Empfinden nach sind Sie dazu verdammt, diese furchtbare Dumpfheit immer wieder zu durchleben. Sie fühlen sich hoffnungslos festgefahren.

Doch an dieser Stelle können Sie versuchen, Ihre Dumpfheit anders zu betrachten. Bedenken Sie, dass gerade Millionen Menschen auf der ganzen Welt dasselbe fühlen wie Sie. All diese Menschen finden dieses Gefühl ebenso wenig angenehm wie Sie. Und wenn Sie über den gegenwärtigen Moment hinausgehen und an die Unendlichkeit der Zeit denken, ist die Zahl der Menschen, die diese unangenehme Erfahrung gemacht hat, grenzenlos. Zudem handelt es sich dabei nur um eine Form des Leidens. Wir alle erleben zwar unsere jeweils eigene Version, aber auf die eine oder andere Weise erfährt jeder von uns im Lauf des Lebens emotionalen Schmerz. Wenn wir bedenken, was mit uns selbst geschieht, und erkennen, dass vielen anderen das Gleiche widerfährt, dann ist die reale Möglichkeit gegeben, Barrieren zwischen uns und anderen abzubauen, statt sie zu errichten. Indem wir betrachten, dass wir genauso sind wie andere, können wir ganz allmählich die Illusion des Getrenntseins infrage stellen.

Einfühlungsvermögen und Zärtlichkeit für andere beruhen auf Einfühlungsvermögen und Zärtlichkeit für uns selbst. In dem Maße, wie wir fühlen können, was wir selbst fühlen, sind wir auch in der Lage, unmittelbar zu wissen, was andere empfinden. Wie können wir wirklich wissen, was andere durchmachen, und ihnen Zuneigung entgegenbringen, wenn wir diese Dinge nicht selbst gefühlt und angesichts unserer eigenen Sorgen Zuneigung entwickelt haben?

Ein wichtiger Schritt bei der Umwandlung von Kleshas in Samen der Tugend besteht daher darin, mit einem Gefühl der Warmherzigkeit für sich selbst in Kontakt zu kommen. Stellen Sie sich vor, von diesem Moment an akzeptieren Sie sich selbst: Ihre Neigungen, Ihre Unzulänglichkeiten, das ganze Paket. Stellen Sie sich vor, Sie könnten darauf vertrauen, dass Sie keine Bedrohung für sich sind, dass Sie hier sind, um sich selbst zu helfen.

Bedingungslose Warmherzigkeit für sich selbst zu kultivieren ist die Grundlage dafür, dass Sie Ihre Kleshas in Liebe für andere umwandeln können. Angenommen, Sie wären ein zwanghafter Lügner. Wenn Sie diese Eigenart an sich einfach nur hassen, werden Sie immer jede Gelegenheit meiden, bei der Sie beobachten können, was vor sich geht. Sie werden sich sogar zu sehr bedroht fühlen, um sich zu fragen, warum Sie so viel lügen: Was wollen Sie damit erreichen, was vermeiden? Dieses Verleugnen bietet dem Problem dann ideale Bedingungen zu wachsen, wie ein Schimmelpilz, der im Dunkeln gedeiht.

Wenn Sie hingegen Neugierde für Ihre Neigung zum Lügen entwickeln, werden Sie Empathie für andere empfinden, die dasselbe tun. Sie werden verstehen, wie diese Neigung Menschen daran hindert, jemals das Gefühl zu haben, in Ordnung zu sein, und wie dieses geringe Selbstwertgefühl oft dazu führt, dass sie die ganze Welt anfeinden. Und Sie verstehen dann auch, dass es schwer ist, mit dem Lügen aufzuhören, selbst wenn auf leidvolle Weise offensichtlich wird, wie gut das wäre.

Wir können uns nur so weit in andere hineinversetzen, wie wir uns selbst kennen. Wenn wir die Augen vor unseren eigenen Gefühlen und Neigungen verschließen, kappen wir die Verbindung zu anderen. So einfach ist das.

14

Zwei Übungen zum Transformieren des Herzens

Mithilfe einer bestimmten Übung können wir den Mut entwickeln zu fühlen, was wir fühlen. Sie wird »mitfühlendes Verweilen« genannt. Wenn wir mitfühlendes Verweilen als Grundlage haben, können wir üben zu sehen, dass andere und wir selbst gleich sind, so wie ich es beschrieben habe. Haben wir zum Beispiel eine Neigung zur Eifersucht, dann tun wir tendenziell alles, um dieses unangenehme Gefühl zu vermeiden. Bei der Übung des mitfühlenden Verweilens öffnen wir dagegen unser Herz für das Gefühl der Eifersucht, anstatt es wegzustoßen. Wir lassen nicht nur zu, dass wir es fühlen, sondern gehen sogar so weit, es willkommen zu heißen: Wir atmen es tief ein, so wie wir saubere Landluft einatmen würden. Dann, beim Ausatmen, entspannen wir uns, lassen Raum und öffnen uns. Mitfühlendes Verweilen hat das Potenzial, unsere gesamte Beziehung zur Eifersucht oder zu jeder anderen Emotion zu verändern. Unsere Gefühle werden dann nicht mehr fest in die Kategorie »unangenehm« eingeordnet, sondern sie werden zu etwas Nützlichem. Mit dem Einatmen öffnen wir uns für sie, als würden wir die Arme für einen geliebten Menschen ausbreiten. Beim Ausatmen geben wir den Gefühlen grenzenlosen Raum, so als schickten wir sie in den Himmel.

Eine schwierige Emotion können wir nicht nur einatmen, sondern sie auch nutzen, um uns bewusst zu machen, dass wir genauso sind wie andere. Das Heftige an einem Gefühl wie Eifersucht kann uns daran erinnern, wie viele Menschen dieselbe Neigung haben. Wie viele Menschen – in jedem Land, jeder Stadt, jedem Dorf auf der Welt – sind gerade jetzt, zu dieser Stunde, eifersüchtig? Wie vielen macht Eifersucht sogar noch stärker zu schaffen als uns? Und wie viele dieser zahllosen Menschen haben – im Gegensatz zu uns – wenig oder gar keine Ahnung, wie sie mit ihren leidvollen Gefühlen arbeiten können? Ganz ehrlich: Wenn ich darüber nachdenke, bringt es mich manchmal zum Weinen – und es inspiriert mich, mein Leben nicht mit Selbstmitleid zu vergeuden.

Auf dieser Grundlage können wir die Tonglen-Praxis, die Praxis des Sendens und Empfangens, durchführen.[9] Beim Tonglen gehen wir noch einen Schritt weiter und atmen nicht nur unser eigenes Unbehagen, sondern auch das Unbehagen anderer ein. Wenn wir zum Beispiel wütend sind, können wir daran denken, wie viele andere dasselbe empfinden. In ihrer energetischen Beschaffenheit unterscheidet sich unsere Wut nicht von der anderer Menschen. Wenn wir also unsere eigene Wut einatmen, können wir uns vorstellen, dass wir auch die Wut der Menschen auf der ganzen Welt einatmen. Dabei können wir denken: »Mögen alle auf der Welt frei von Wut sein. Mögen alle Wesen frei von Leiden und seinen Ursachen sein.« Und um dies auf die Spitze zu treiben, denken wir: »Mögen alle Wesen zu ihrer wahren Natur erwachen.«

Als natürliche Ergänzung zum Einatmen emotionalen Leids können wir anderen beim Ausatmen alle positiven Emotionen und Eigenschaften schicken, die ihnen nach unserem Empfinden Freude und Erleichterung bringen, wie Liebe oder Vertrauen, Gesundheit oder Entspannung. Der Teil des »Sendens«

bei Tonglen ist eine Möglichkeit, Glück und Freude mit anderen zu teilen, die alle, ebenso wie wir, glücklich und zufrieden sein wollen. Er wirkt der unbewussten Angewohnheit entgegen, alles Gute für uns zu behalten und unserem eigenen Wohlbefinden mehr Gewicht beizumessen als dem der anderen.

Manchmal frage ich mich: »Was ist das eigentlich, was ich da einatme?« Die Emotionen sind leidvoll, aber sind sie wirklich etwas so Festgefügtes? Wenn ich Eifersucht oder Wut finden will, ist da etwas Greifbares? Es wird gelehrt, dass sowohl die »materielle Substanz« der Einatmung als auch die der Ausatmung leer ist – einfach eine leere Form, frei von gut oder schlecht. Es lohnt sich durchaus, eine solche absolute Betrachtungsweise dieser Praxis in Betracht zu ziehen.

Durch die Praxis des Sendens und Empfangens – wobei wir den natürlichen Wechsel des Atems als Mittel nutzen – können wir jede störende Emotion in einen Samen der Tugend, der Liebe und des Mitgefühls verwandeln. Wir wenden diese Praxis auf verschiedene Gefühle in verschiedenen Situationen an und sammeln so Erfahrungen, dadurch fühlen wir uns von unserem emotionalen Schmerz weniger bedroht. Unsere Kleshas werden sogar zu Ressourcen, denn sie helfen uns, das mitfühlende Bodhicitta-Herz zu erwecken, die Sehnsucht, das Leiden anderer Wesen zu beseitigen und alles Nötige dafür zu tun.

Als ich Trungpa Rinpoche fragte, was ich tun soll, wenn ich sterbe, sagte er: »Übe jetzt, in offenem Gewahrsein zu verweilen, und wenn du zum Zeitpunkt des Todes Angst oder andere Gefühle hast, mach Tonglen für all die anderen, die sterben und dasselbe empfinden. Denk daran, sie von ihrem Leid zu befreien und ihnen Glück zu senden.« Das übe ich schon seit vielen Jahren, besonders wenn ich Angst habe. Ich atme die Angst ein und denke an andere und an das, was sie gerade durchmachen. Auf diese Weise öffne ich mein Herz jetzt und im Moment meines Todes.

15

Der dritte Schritt zum Mut: Emotionen als Weg zum Erwachen

Die dritte Methode, mit unseren Emotionen zu arbeiten – der dritte Schritt zum Mut – besteht darin, sie als einen Weg zum Erwachen zu nutzen. Dahinter steht die Idee, zuzulassen, dass wir die Energie der Kleshas vollständig und unmittelbar spüren. Dabei entdecken wir, dass sie all die Weisheit enthalten, die wir brauchen, um zu erwachen. Aus dieser Erfahrung erwächst unerschütterliches Vertrauen – Vertrauen, das Furchtlosigkeit im Leben und im Tod mit sich bringt.

Wie bereits erwähnt, kommen wir alle mit gleichzeitig entstandener Unwissenheit auf diese Welt – mit einem grundlegenden Missverständnis in Bezug darauf, wie die Dinge sind. Wir glauben, wir hätten eine Art feste Identität, etwas, was »mich« zu *mir* macht – etwas, was vom Rest getrennt ist. Aufgrund dieses Missverständnisses geraten wir ständig in den Bann der unzähligen Vergnügungen und Schmerzen, die die Welt zu bieten hat. Unser Geist verstrickt sich völlig in Kleshas und all dem damit einhergehenden Ärger. Den Lehren zufolge dauert dieser leidvolle Prozess so lange an, bis wir vollständig aus unserer Unbewusstheit erwachen, bis wir uns selbst und alle Erscheinungen so sehen, wie sie wirklich sind: flüchtig, ohne Substanz, weit offen für Möglichkeiten, niemals getrennt vom Urgrund, niemals getrennt vom kosmischen Spiegel.

Der Begriff »gleichzeitig entstandene Unwissenheit« ist interessant, denn er impliziert, dass Unwissenheit nicht allein auftritt. Der Buddha lehrte, dass überall dort, wo Verwirrung ist, auch Weisheit zu finden ist: »gleichzeitige entstandene Weisheit«. Immer dann, wenn wir »anbeißen«, wenn unsere Kleshas getriggert werden, wenn wir vorübergehend die Orientierung verlieren und uns destruktiv verhalten, hat Verwirrung uns im Griff. Doch ebendiese Verwirrung ist untrennbar mit unserer tiefsten Weisheit verbunden. Entsprechend der traditionellen Analogie sind Verwirrung und Weisheit wie Eis und Wasser, die beide aus denselben Molekülen bestehen. Der einzige Unterschied ist, dass Eis gefroren ist und Wasser nicht.

Verwirrung basiert auf einer starren Sichtweise unserer selbst und der Welt. Sie ist das Ergebnis des Unbehagens angesichts der bodenlosen Natur der Dinge – der Tatsache, dass sie wie ein kosmischer Spiegel sind. Die meisten von uns erleben diesen weiten, offenen Raum als Bodenlosigkeit. Zorn, Gier, Eifersucht, und all die anderen Kleshas sind Teil dieses Unbehagens. Wenn wir keine wirksamen Mittel haben, um mit ihnen zu arbeiten, können sie unsere geistige Verfassung ruinieren und nicht nur uns, sondern auch den Menschen um uns herum schaden. Deswegen lernen wir, mit unseren Emotionen zu arbeiten.

Unsere Emotionen als Weg zum Erwachen nutzen zu können, basiert darauf, dass wir sie einfach so sein lassen, wie sie sind. Ich sage »einfach«, aber irgendetwas in unserem Geist einfach *sein* zu lassen ist leichter gesagt als getan. Das Ego fühlt sich nur dann wohl, wenn es sich einmischt und versucht, etwas in Ordnung zu bringen. Es sagt uns fortwährend, dass es nicht geht, etwas einfach in Ruhe zu lassen. Wir brauchen also Geduld und Mut, wenn wir lernen wollen, unsere Kleshas *sein* zu lassen.

Zunächst müssen wir dem Klesha genug Raum geben, damit wir sehen, was passiert. Wir brauchen eine geeignete Perspektive, aus der wir unsere Emotionen sehen. Das ist nicht unbedingt gleichbedeutend damit, uns von dem Klesha zu distanzieren; es ist eher ein Positionieren des Geistes, damit wir klar sehen können. Dazu müssen wir uns im bewussten Nichtreagieren üben. Es erfordert eine achtsame Lücke, bevor wir sprechen oder handeln. Es ist schwer, eine geeignete Perspektive zu haben, wenn wir in einem Zustand der Aktivierung sind.

Mit einer klaren Perspektive sorgen wir dafür, dass wir die Emotion so vollständig wie möglich durchleben können. Es ist vergleichbar damit, zuzulassen, dass wir fühlen, was wir fühlen, geht aber noch weiter. Bei dieser Übung wollen wir lernen, was die Emotion wirklich ist. Anstatt sie in eine Kategorie wie positiv oder negativ zu stecken, versuchen wir, mit ihrer Energie direkt und aufs Engste in Kontakt zu sein, um ihre Essenz zu erkennen. Wir wollen sie nicht nur mit dem Verstand kennenlernen, sondern tiefgehend mit dem Herzen, unserem ganzen Wesen.

Anam Thubten unterscheidet zwischen gewöhnlichen und bewussten Kleshas. Die gewöhnlichen sind uns vertraut. Wenn wir beispielsweise in einem Zustand des Verlangens sind, fühlt sich das unangenehm an, uns fehlt die klare Perspektive, und unsere Reaktion richtet dann normalerweise Schaden an. In den bewussten Kleshas liegt dagegen Weisheit. Wenn wir unsere Neigung überwinden, uns vom Verlangen stören zu lassen, wenn wir es als eine Form von wacher Energie erfahren, dann verliert die Emotion ihre Macht, uns in Unruhe zu versetzen. Stattdessen wird sie zu etwas Kostbarem, zu einem Teil der Kostbarkeit des Lebens.

Wenn wir eine solche Beziehung zu unseren Emotionen finden, entdecken wir ihren erleuchteten Aspekt: die Weisheit, die gleichzeitig mit Unwissenheit und Verwirrung entsteht. Sie ist immer da, in jedem einzelnen unserer Kleshas. Um mit ihr in Kontakt zu treten, erlauben wir dem Klesha, einfach zu sein, was es ist. Dann schmilzt das Eis, und wir machen die Erfahrung der offenen, fließenden Qualität des Wassers.

Das ist nicht leicht. Es erfordert nicht nur Übung, mit der Weisheit in den Kleshas in Kontakt zu kommen, sondern auch, zwischen beiden – Weisheit und Nicht-Erkennen – zu unterscheiden. Woran merken wir, ob wir den neurotischen oder den wachen Aspekt der Energie erleben? Der deutlichste Hinweis findet sich oft im Körper. Im Allgemeinen entsprechen unsere gewöhnlichen Kleshas einer Form körperlicher Kontraktion. Wir spüren eine Anspannung im Magen oder im Kiefer oder, vielleicht etwas subtiler, im Herzen oder Solarplexus. Sind unsere Emotionen in der Glutphase, dann ist diese Kontraktion möglicherweise schwer zu erkennen. Wenn wir aber üben, uns auf unsere Emotionen und unseren Körper einzustimmen, dann können wir die körperliche Anspannung als Indikator nutzen, der uns anzeigt, wann wir in gewöhnlichen Kleshas feststecken.

Dadurch, dass wir mit der körperlichen Empfindung unserer Neurose in Berührung kommen, lernen wir auch das Gefühl der Weisheit kennen. Aus diesem Blickwinkel fühlt sich Weisheit wie Entspannung, Ausdehnung, Offenheit an. Wir kämpfen nicht mit unseren Gefühlen, sondern lassen sie *sein*. Weder agieren wir sie aus, noch verdrängen wir sie. Wir lassen sie einfach sein, verbinden uns damit, wie sie sich anfühlen. Anstatt uns auf unsere starken Meinungen und Storylines zu versteifen, entspannen wir uns und lassen zu, dass die gleichzeitig entstandene Weisheit in unseren Kleshas für sich selbst spricht. Wenn wir so praktizieren, werden unsere Emotionen unser ganz direkter Weg zum Erwachen.

16

Fünf Arten der Weisheit

Die Vorstellung, dass Weisheit und Verwirrung gleichzeitig entstehen, beeinflusste mich tief, als ich das erste Mal davon erfuhr. Sie brachte mich erstmals zum tibetischen Buddhismus und zu den Lehren von Chögyam Trungpa Rinpoche. Das war in den frühen Siebzigerjahren, am Tiefpunkt meines Lebens. Ich war in jedem Ashram gewesen, bei Gurus jeglicher Nationalität und Tradition. Ich hatte sogar ein Scientology-Wochenende ausprobiert. Nichts davon sprach jedoch zu mir über das, was tatsächlich in meinem Leben geschah – über das große Durcheinander, das mein Leben nach meinem Empfinden war.

Ich lebte im Norden New Mexicos. Dorthin waren viele Hippies aus Haight-Ashbury gekommen, um die zahlreichen Gemeinschaften und alternativen Lebensstile zu erkunden. Eines Tages stieg ich in den Pick-up einer Freundin, und auf dem Sitz lag eine Zeitschrift namens *Garuda*, herausgegeben von Trungpa Rinpoches Schülern. Aufgeschlagen war ein Artikel mit dem Titel »Mit Negativität arbeiten«. Der erste Absatz haute mich vom Sitz. Rinpoche sagte, dass wir Negativität als »schrecklich unangenehm, übelriechend, etwas, was wir loswerden wollen« empfinden. »Aber, wenn wir tiefer in sie hineinschauen, riecht sie sehr aromatisch und ist sehr lebhaft.« Sie ist »lebendig und präzise, mit der Realität verbunden«.

Wenn ich auf diese Lehre zurückblicke, frage ich mich, wie ich damals überhaupt daraus schlau werden konnte. Doch die grundlegende Botschaft verstand ich, die da lautete: »Es ist nichts Falsches daran, dass du das gerade durchmachst. Bleib einfach bei der Energie, drifte nicht ab. Dann wirst du hier drin etwas sehr Wertvolles entdecken.« Nicht lange danach kam Trungpa Rinpoche nach New Mexico, und ich konnte seine Lehren hören. Von da an hatte ich etwa 15 Jahre immer wieder Gelegenheit, diese Lehren unter seiner Anleitung zu vertiefen.

Rinpoche wies unter anderem darauf hin, dass die Weisheit, die wir in unserer Neurose entdecken, in verschiedenen Varianten daherkommt. In den buddhistischen Lehren gibt es fünf Haupttypen der Weisheit, die mit den fünf grundlegenden Kleshas zusammenhängen: Gier, Aggression und Unwissenheit, zusammen mit Neid und Stolz. Obwohl jeder Mensch die gesamte Bandbreite an Emotionen durchläuft, sticht tendenziell eine davon besonders heraus. Wir erleben vorrangig den neurotischen Aspekt dieser Emotion, aber mithilfe dieser Lehren können wir lernen, den Weisheitsaspekt – die erwachte, egolose Seite des Klesha – zu erkennen und uns mit diesem zu verbinden. Dann kann die Energie der Emotion dazu dienen, uns zu erleuchten, anstatt uns herunterzuziehen.

So geraten beispielsweise manche Menschen häufig in einen aggressiven Zustand. Dieses Klesha macht sich in ihren Beziehungen, bei der Arbeit und in vielen anderen Lebensbereichen bemerkbar. Lassen die Betreffenden die Aggressivität unbesehen zu, führt das für sie selbst und die Menschen um sie herum zu großem Schaden. Das kann ihr Leben in eine Hölle auf Erden verwandeln.

Mit dem Ansatz, unsere Emotionen als Weg zum Erwachen zu nutzen, können wir einen tieferen Einblick in diese Aggression gewinnen und versuchen, direkt mit ihrer Grundenergie in

Kontakt zu kommen. Wenn uns das gelingt, ohne zuzulassen, dass unser Ich allzu sehr beteiligt ist, dann finden wir eine besondere Variante, ein besonderes »Aroma« der Emotion: das des erwachten Geistes. So betrachtet wird das Auftauchen der Kleshas jeweils zu einer großartigen Gelegenheit, unsere tiefste Natur zu erschließen: die des weit offenen Geistes, des offenen Herzens, unserer ichlosen Natur.

Im Fall der Aggression finden wir etwas, was als »spiegelgleiche Weisheit« bekannt ist. Sie hat die Eigenschaften des Scharfblicks und der Präzision, »durchschneidet« Täuschungen und sieht alles klar. Spiegelgleiche Weisheit ist das Wasser, das zum Vorschein kommt, wenn das Eis der Aggression auftaut.

Das Klesha der Gier entsteht gleichzeitig mit der »unterscheidenden Weisheit«. Die neurotische Manifestation der Energie erscheint als Ergreifen, Brauchen, Wollen. Aber wenn wir dieses Eis schmelzen, indem wir uns entspannen und die Energie *sein* lassen, finden wir ihren erwachten Aspekt. Es ist eine warme, mitfühlende Qualität, die mit der Fähigkeit einhergeht, in Verbindung mit den Details des Lebens zu sein – diese Details wahrzunehmen, sich für sie zu interessieren und tiefe Einsicht in sie zu haben.

Menschen, die im neurotischen Aspekt des Neides gefangen sind, sind tendenziell schnell, geschäftig und kritisch – sie wollen eine ordentliche, uniforme Welt schaffen. Der erwachte Aspekt ist als »alles vollendende Weisheit« bekannt. Wenn wir diese Energie ohne Kampf und Anspannung erleben, ermöglicht sie uns, Dinge zum Nutzen aller Beteiligten leicht zu vollenden.

Der neurotische Aspekt des Stolzes ist damit verbunden, viel Raum einzunehmen. In physischer Form könnte sich das darin zeigen, wie jemand, der zu einem Meditationsretreat kommt, seinen Platz einrichtet. Zusätzlich zum Kissen legt er oder sie 14 Decken, drei Thermoskannen, zwei Schals und ein Paar

Hausschuhe hin. Wenn wir uns mit der Essenz dieser Energie verbinden, wird sie zur »Weisheit der Wesensgleichheit«. Anstatt so wählerisch zu sein, öffnen wir uns mehr für das Leben, wie es ist – eine Haltung des Geschehenlassens, ein Gefühl der Egolosigkeit.

Das Klesha der Unwissenheit umfasst die Eigenschaften der Dumpfheit, Lethargie, Teilnahmslosigkeit. In seiner extremen Form wird es zu Taubheit und Gefühllosigkeit. Der erwachte Aspekt wird »Dharmadhatu-Weisheit« genannt. Dharmadhatu bedeutet in etwa »allumfassender Raum«. Es ist der weit offene, frische, nicht bedingte Raum, der alles durchdringt und alles in sich aufnehmen kann.

In den 1980er-Jahren hatte ich die Gelegenheit, diese Qualität sowohl in ihren erwachten als auch in ihren neurotischen Aspekten bei einem anderen Schüler zu beobachten. Ich hatte diesen Mann nur als Lehrer gekannt. Er war ein brillanter, sehr offener Lehrer, der stets allen Raum gab. Seine Worte vermittelten eine immense Stille und Offenheit. Wenn er lehrte, sprach das immer diesen Teil in mir an. Auf seine zurückhaltende Art schuf er eine Atmosphäre der Weite.

Mit der Zeit lernte ich ihn persönlich kennen und erlebte ihn oft als geistesabwesend, an der Grenze zur Depression, mit einem Hang zu Langeweile und Übellaunigkeit. Zum ersten Mal erfuhr ich, dass sich die beiden gleichzeitig entstandenen Aspekte einer emotionalen Qualität so deutlich manifestierten.

Als wichtigsten Punkt sollten wir uns merken, dass bei allen fünf dieser Ausprägungen Weisheit und Neurose gleichzeitig entstanden sind. Wir können das eine nicht ohne das andere haben. Wir denken gern: »Ich will den Neid nicht, ich will nur die alles vollendende Weisheit. Ich will keine neurotischen Neigungen, ich will nur die erleuchteten Teile.« Aber das wäre so, als fände ein durstiger Mensch in der Wüste auf wundersame

Weise einen Eisblock und sagte: »Ich mache mir nichts aus Eis. Ich werfe es weg und suche woanders nach Wasser.« Es gibt keinen anderen Ort, an dem man suchen kann. Es geht nur darum zu erkennen, dass die wahre Natur des Eises keine andere ist als die des durstlöschenden Wassers. Genauso können wir, wenn wir unsere eigene Weisheit entdecken wollen, nirgendwo anders suchen als in unserer eigenen Neurose. Wir können entdecken, dass es Emotionen mit und welche ohne Ego gibt.

Als Trungpa Rinpoche begann, im Westen zu lehren, war das Feld zunächst in alle Richtungen offen. Da er zu den Ersten gehörte, die den tibetischen Buddhismus in diesem Teil der Welt auf einer tiefgreifenden Ebene präsentieren wollten, waren seine Möglichkeiten, beim Lehren vorzugehen, unbegrenzt. Aus diesem Grund fand ich es schon immer interessant, dass eines der Themen, das er schon früh hervorhob, die den Kleshas innewohnende Weisheit war.

Jedes der fünf Weisheit-Neurose-Paare ist mit einer »Buddha-Familie« oder »erwachten Familie« verbunden. Jede Familie ist auf einen bestimmten Buddha hin zentriert, ein vollständig erwachtes Wesen, das den erwachten Aspekt des Kleshas verkörpert. Wie Trungpa Rinpoche es ausdrückte: »Man stellt sich die Erleuchtung als einen dieser heiter-gelassenen Buddhas vor: ein kleines Lächeln, so ruhig, so schön anzuschauen. Aber es gibt viele Arten geistiger Klarheit.« Wir können uns Weisheit zwar als reinen, unverfälschten, offenen Raum vorstellen, doch sie kommt in Form von Eigenschaften daher. Erleuchtung kommt in fünf grundlegenden Qualitäten, fünf Arten geistiger Klarheit. Sich mit den Buddhas vertraut zu machen, ist nicht nur in diesem Leben äußerst hilfreich, sondern auch, wie wir sehen werden, in den noch bevorstehenden Bardos.[10]

Spiegelgleiche Weisheit und Aggression sind mit der Vajra-Familie verbunden. Ihr Symbol, der Vajra, ist ein rituelles Objekt, das Unzerstörbarkeit repräsentiert. Die Essenz der Vajra-Qualität und ihrer spiegelgleichen Weisheit ist der Buddha namens Akshobhya. Unterscheidende Weisheit und die Neurose der Gier sind mit der Padma-Familie verbunden, deren Symbol der Lotos ist. Ihre erwachte Verkörperung ist der Buddha Amithaba. Dharmadhatu-Weisheit und Unwissenheit entsprechen der Buddha-Familie und dem Buddha Vairocana. Die Weisheit der Wesensgleichheit und das Klesha des Stolzes gehören zur Ratna-Familie, symbolisiert durch ein Juwel, und zum Buddha Ratnasambhava. Die alles vollendende Weisheit und der Neid schließlich sind mit der Karma-Familie und dem Buddha Amoghasiddhi verbunden. Und all diese Familien sind mit ihrer jeweils eigenen Farbe, ihrem Element, ihrer Jahreszeit, ihrer Tageszeit und so weiter verknüpft – mit »jedem Aspekt der Welt der Erscheinungen«, wie Rinpoche sagte.

Etwas Wesentliches, das wir im Sinn behalten sollten, wird uns in den Bardos dienlich sein: Die Natur all dieser Buddhas, dieser erwachten Wesen, unterscheidet sich nicht von der Natur unseres eigenen Geistes. Rinpoche hielt es für sehr wichtig zu wissen, welche Familie unsere persönliche Buddha-Familie ist, weil dies der Schlüssel dazu sein kann, mit unserer erleuchteten Natur – unserer Buddha-Natur – in Kontakt zu treten, die er oft als unser »grundlegendes Gutsein« bezeichnete. Das Klesha, das uns am häufigsten und stärksten zu schaffen macht – das wir am meisten satthaben, in dem wir am tiefsten feststecken, für das wir uns am meisten schämen –, ist der direkteste Zugang zu unserer tiefsten Weisheit, unserem grundlegenden Gutsein. Das heißt natürlich, sofern wir mit seiner Energie direkt in Kontakt treten können, ohne das Habenwollen und Ablehnen der Ich-Anhaftung.

Sie mögen sich selbst vorwerfen, zu wütend, zu »anhaftend«, zu abgehoben, zu neidisch oder zu stolz zu sein, aber in jedem dieser störenden Gefühle steckt die persönliche Weisheit Ihrer

Buddha-Familie – Ihre eigene Art der geistigen Klarheit. Sie denken vielleicht: »Ich habe ein schreckliches Wutproblem!«, aber ein erleuchtetes Wesen würde es umkehren und sagen: »Du hast Glück! Du hast direkten Kontakt mit der spiegelgleichen Weisheit des Buddha Akshobhya. Wenn du nicht mit dieser Energie kämpfst, wenn du eins wirst mit dieser Energie, dann wird sie dich erwecken.«

Rinpoche wollte, dass wir die Qualität unserer Hauptneurose genau kennenlernen, dass wir mit ihrem »sehr aromatischen Geruch« vertraut werden und das als Teil des Reichtums sehen, der unserem Sein innewohnt. Er wollte, dass wir uns nicht mehr wünschen, wir wären anders, dass wir nicht mehr versuchen, unsere grundlegende Qualität zu verändern oder uns vor ihr zu verstecken. Er wollte, dass wir sie willkommen heißen – dass wir das Eis zu Wasser auftauen lassen, indem wir einfach das Klesha bewusst wahrnehmen, uns mit der Energie entspannen und es einfach da sein lassen. Aber das bedeutete nicht, der Emotion Nahrung zu geben oder etwas dergleichen. Ihr Nahrung zu geben hieße, sie auszuagieren oder zu unterdrücken. Er ermutigte uns dazu, inmitten der Energie nach bestem Vermögen ruhig zu verweilen, sodass sich diese Fähigkeit mit der Zeit nach und nach ganz natürlich erweitert.

In seinem Buch *Feuer trinken, Erde atmen* sagt Rinpoche: »Durch das Arbeiten mit den Buddha-Familien finden wir heraus, dass wir schon bestimmte Eigenschaften haben. Wir können sie nicht ignorieren oder ablehnen oder versuchen, etwas anderes zu sein. Wir haben unsere Aggression, unsere Wut, unseren Neid, unseren Groll, unsere Armutsmentalität, unsere Unwissenheit oder was auch immer. Wir gehören bereits zu bestimmten Buddha-Familien. Wir sollten mit ihnen arbeiten, uns auf sie einlassen und richtig Erfahrungen mit ihnen sammeln. Sie sind das einzige Potenzial, das wir haben, und wenn wir mit ihnen arbeiten, sehen wir, dass wir sie als Sprungbrett zur Erleuchtung nutzen können.«[11]

In Gampo Abbey war bei uns einmal ein Running Gag darüber in Umlauf, wen man bei einem Einzelretreat gern als Verbindungsperson hätte, die einem Dinge in die Hütte bringt. Unser System sah vor, dass man im Retreat einen Zettel vor der Hütte hinterließ, wenn man etwas brauchte, und die Person sah nach und kehrte dann mit den Lebensmitteln, oder was auch immer es war, zurück.

Sagen wir, Sie hätten aufgeschrieben: »Ich hätte gerne genug Käse für die ganze Woche.« Der Witz war: Was würden Vertreter der Buddha-Familien Ihnen jeweils bringen? Die Vajra-Verbindungsperson würde Ihnen sieben dünne, schön geschnittene Käsescheiben bringen, durch Wachspapier voneinander getrennt. Die Ratna-Person würde Ihnen den ganzen Käse schicken. Padma würde den Käse in einem Korb mit einem karierten Tuch bringen, geschmückt mit selbst gepflückten Wildblumen. Die Karma-Person würde ihre Zeit damit verbringen, in zehn Geschäfte zu fahren, um den perfekten Käse zu finden, und sich dann bei Ihnen beschweren, wie anstrengend das war. Die Person aus der Buddha-Familie würde einfach vergessen zu kommen. Sie würde sogar vergessen, nach Ihrem Zettel zu sehen.

Dieser Witz bezog sich auf ein von Trungpa Rinpoche erfundenes Spiel, das helfen sollte, ein Gefühl für die Besonderheit jeder Buddha-Familie zu bekommen. Er nannte es das »Eigenschaften-Spiel«. Ich habe es vor ein paar Jahren mit den Schülern im Gampo-Kloster gespielt, als ich über die Bardos lehrte. Jemand dachte an eine bestimmte Buddha-Familie, und die anderen versuchten zu erraten, um welche es sich handelte. Das taten sie mithilfe von Fragen wie: »Wenn diese Buddha-Familie ein Land wäre, welches Land wäre es?« Oder: »Wenn sie ein Musikstück wäre, welches wäre es dann?«

Einmal, als ich Padma gewählt hatte, lautete eine dieser sondierenden Frage: »Wenn du eine Schuhsorte wärst, welche wäre das?« Ich (als Padma) antwortete: »Ein weiches Paar orangefarbener Hausschuhe.« Auf die Frage »Wenn du ein Beruf wärst, welcher Beruf wäre das?« antwortete ich: »Eine Hospizmitarbeiterin.« Wenn die Spielteilnehmer den »Bogen raushaben«, erraten sie die Buddha-Familie in der Regel nach ein paar Versuchen richtig. Das hilft ihnen, sich besser auf die spezifischen Eigenschaften einzustellen, die zu jeder Familie gehören.

Die Früchte unserer Arbeit mit den Buddha-Familien können wir sehen, wenn wir einige große Weise unserer Zeit betrachten. Bei meinen eigenen Lehrern kann ich ihre spezielle Eigenschaft zwar nicht mit Sicherheit bestimmen, aber ich habe dennoch ein Gefühl dafür. Seine Heiligkeit der 16. Karmapa hatte eine starke Padma-Familien-Qualität. Seine Präsenz war wie goldenes Licht, wie die Sonne. Er hatte ein warmes Lachen und ergriff meine Hand auf sehr liebevolle Weise.

Seine Heiligkeit Dilgo Khyentse Rinpoche, ein Lehrer, dem all meine Hauptlehrer hohe Verehrung entgegenbrachten, hatte eher die Qualität von weißem Licht. In seiner Gegenwart fühlte es sich nicht an, als hielte man sich in der warmen Sonne auf, sondern eher so, als ginge man in den weiten Raum hinaus. Seine Schüler nannten ihn »Mr Universum«. Für mich verkörperte er die Weisheit der Buddha-Familie.

Bei Trungpa Rinpoche war es schwieriger zu sagen. Er zeigte viele der Eigenschaften, aber am leichtesten erkennbar war vielleicht die Buddha-Familien-Qualität. Er hatte diese weite, beständige, weise Präsenz, die mit der Dharmadhatu-Weisheit verbunden ist.

Meinen wichtigsten lebenden Lehrer, Dzigar Kongtrul Rinpoche, nehmen viele stark als Vajra wahr. Er ist sehr klug und studiert gern den Dharma. Wenn man ihn lehren hört, wird deutlich, dass er ihn ganz durchdringt. Er verkörpert spiegelgleiche Weisheit. Doch als ich Rinpoche besser kennenlernte, entdeckte ich, dass er auch Ratna-Eigenschaften hat. Wenn man ihn besucht, fallen einem alle möglichen Statuen, Thangka-Bilder und andere Gegenstände auf. Als ich das erste Mal in seine Retreathütte ging, dachte ich: »Hier ist kein Zentimeter Platz für noch mehr.« Aber seitdem hat er noch viel mehr untergebracht. Für mich sind Vajra und Ratna seine grundlegenden Eigenschaften: seine spiegelgleiche Weisheit und seine Weisheit der Wesensgleichheit. Wir alle haben unsere jeweils eigenen Grundeigenschaften, und bei uns allen enthalten sie unsere Weisheit. Sie sind das einzige Potenzial, das wir haben. Um hervorzuheben, dass unsere Buddha-Familien-Eigenschaften nichts sind, wofür man sich schämen müsste, verglich Trungpa Rinpoche sie mit der internationalen Küche. Egal, aus welcher Kultur oder welchem Teil der Welt wir kommen – Afrika, Südasien, Naher Osten, Europa –, wir können stolz auf das Essen sein, das wir kochen. Es ist ein Teil dessen, was wir sind. Ebenso können wir stolz darauf sein, Vajra oder Karma oder Padma zu sein. Es ist ein Teil dessen, was wir sind. Der einzige Unterschied zwischen uns und weit fortgeschrittenen Praktizierenden besteht darin, dass wir die meiste Zeit damit zubringen, uns gegenüber unseren Emotionen angespannt zu verschließen und Neurosen aufrechtzuerhalten. Sie hingegen sind in der Lage, sich mit ihrer Buddha-Familien-Energie zu entspannen, in der Weisheit dieser Buddha-Familie zu verweilen und deren wunderbare Eigenschaften zu entfalten. Wir kämpfen tendenziell gegen das an, was wir sind, wohingegen Menschen wie meine Lehrer voll und ganz und mit Selbstbewusstsein zu dem stehen, was sie sind. Sie können ihre innewohnenden Eigenschaften bestmöglich nutzen, um das Leben zu genießen und zum Wohl anderer zu wirken.

17

Die Dinge so erfahren, wie sie sind: Der Bardo der Dharmata

Ich gebe einige bewährte Anleitungen für das Arbeiten mit Emotionen an Sie weiter. Sie können sie im Bardo dieses Lebens oder in einem der kommenden Bardos praktisch umsetzen. Wenn wir sterben, nehmen wir unseren Umgang mit Gedanken und Emotionen mit. Wir können diese Arbeit nicht bis zum Schluss aufschieben, denn dann ist es zu spät. Darum ist jetzt der richtige Zeitpunkt. Wie wir leben, so sterben wir. Wenn wir mit diesen Anleitungen jetzt schon üben, im Hinblick darauf, wie sie uns während der Bardos des Todes helfen können, dann sind wir auf das, was kommen mag, gut vorbereitet.

In unserer Darstellung des Sterbeprozesses waren wir bei dem Stadium stehengeblieben, in dem sich die Erscheinungen dieses Lebens auflösen. An diesem Punkt haben sich alle Wolken der Verwirrung und Gewohnheit zerstreut, übrig bleibt nur noch die wahre Natur unseres Geistes: unverstellt, wie ein kristallklarer blauer Himmel. In Wirklichkeit sind wir nie von dieser himmelsgleichen Natur, vom kosmischen Spiegel, getrennt. Im Tod haben wir die Gelegenheit, das voll und ganz zu erkennen.

Im Moment der endgültigen Auflösung ist es, als würde uns unsere erwachte Natur auf einem Silbertablett serviert. Wenn wir vollständig mit dieser Natur verschmelzen können – wenn wir unser klares Licht des Kindes mit dem klaren Licht der Mutter verschmelzen können –, erlangen wir auf der Stelle vollständige Erleuchtung, »so wie ein Sohn, eine Tochter, die nach Hause kommen«. Diese Gelegenheit – Praktizierende dieser Tradition betrachten sie als die größte ihres ganzen Lebens – geht jedoch blitzartig vorüber. Es heißt, dass die überwiegende Mehrheit der Menschen, einschließlich der meisten Meditierenden, diese Chance verpasst und dann zum nächsten Bardo weitergeht, dem Bardo der Dharmata. *Dharmata* bedeutet »die wahre Natur der Phänomene« oder »Soheit« oder einfach »die Dinge, wie sie sind«. Die Bezeichnungen deuten darauf hin, dass wir in diesem Bardo die Wirklichkeit direkt erfahren, ohne die Ansichten und Meinungen, die wir gewöhnlich haben, ohne jegliche konzeptuelle Überlagerung.

Ich finde das *Tibetische Totenbuch* in gewisser Weise humorvoll, weil es uns im Grunde sagt: »Wenn du tust, was ich dir jetzt sage, kommst du gar nicht drum herum zu erwachen.« Anschließend wird gesagt, was zu tun ist, und dann heißt es: »Aber wenn du diese Gelegenheit verpasst, kommst du in eine andere Situation und kannst dann etwas anderes tun.« So fährt es immer weiter fort und bietet uns eine Gelegenheit nach der anderen. Ich bezeichne es gerne als das »Buch der zweiten Chance«. Der Bardo der Dharmata gewährt uns nicht nur eine, sondern viele zweite Chancen.

Wenn wir die Gelegenheit verpasst haben, mit dem klaren Licht der Mutter zu verschmelzen, verlässt unser Bewusstsein schließlich den Körper, und wir werden bewusstlos. Dann ist es so, als hätten wir eine Vollnarkose erhalten: Wir treten in einen völlig leeren Geisteszustand ein, ohne jegliches Bewusstsein.

Wenn wir erwachen, befinden wir uns im Bardo der Dharmata. Hier sind Herz und Geist – im Vergleich zu unserer üblichen Erfahrung im Bardo dieses Lebens – viel weiter geöffnet, so offen, wie sie nur sein können. Es ist ein Zustand der Ichlosigkeit. Wir sind vorübergehend frei von dem Bezugspunkt, den wir am meisten gewohnt sind: von unserem Ich-Gefühl. Wir haben eine Erfahrung der Nichtdualität. In dieser Hinsicht ähnelt der Zustand dem, was schon nach der Auflösung der Elemente geschehen ist. Der Hauptunterschied besteht darin, dass sich im Bardo der Dharmata die Erscheinungen vom Urgrund aus als intensive Bilder und Klänge und später als spezifische Formen manifestieren.

Bis zu einem gewissen Grad erleben wir die Dinge auch jetzt so, wenn wir langsam genug werden, um es wahrzunehmen. Bei jeder Begegnung ist da zunächst offener Raum. Etwas bewegt sich auf mich zu, und die Begegnung ist weit offen, voller Möglichkeiten, in keiner Weise verfestigt. Ich habe noch keine Konzepte dessen, was geschieht, gebildet. Dann nehme ich die Form und Farbe des Objekts wahr – nur das. Anschließend rückt es in den Fokus, und ich bin mir ziemlich sicher, dass es eine Person ist. Daraufhin empfinde ich Abneigung, Anziehung oder Gleichgültigkeit. Die Erfahrung bewegt sich, ausgehend von der Weite, zu immer mehr Konkretheit und Festigkeit.

Meines Erachtens lohnt sich der Versuch, einen Eindruck davon zu vermitteln, wie es sein könnte, diesen Bardo zu erleben. Obwohl ich diese Lehren natürlich nicht anhand meiner eigenen Erfahrung überprüfen kann, stammen sie doch von einer langen Reihe von Lehrern mit profundem Wissen und Mitgefühl, die mich noch nie in die Irre geführt haben. Meiner Erfahrung nach sind die Vorteile, die sich aus der Erforschung der rätselhafteren Teile der tibetisch-buddhistischen Tradition ergeben, nicht immer sofort offensichtlich. Sie treten jedoch mit der Zeit zutage. Wie ich bereits in der Einleitung zu diesem

Buch erwähnt habe, folge ich in meiner Herangehensweise dem sanften Rat von Dzigar Kongtrul Rinpoche, diese Lehren weder abzulehnen noch sie als Ganzes zu schlucken, sondern sich offen auf sie einzulassen.

Der Bardo der Dharmata ist ein großartiges Schauspiel von Bildern und Klängen. In diesem Bardo erscheint die projizierte Realität zunächst in Form von strahlenden Lichtern, die den gesamten Raum ausfüllen: riesige Regenbögen, Lichtscheiben und -streifen. Das klingt wunderschön, aber die Farben sind so intensiv und stark, dass sie erschreckend sein können. Zugleich gibt es extrem laute Klänge, die sich anhören, so Trungpa Rinpoche, »als würden alle Musikinstrumente des Universums gleichzeitig gespielt«.

Dem *Tibetischen Totenbuch* zufolge nehmen diese Erscheinungen nun Gestalt an: als friedvolle und zornvolle Gottheiten, die sich in einer bestimmten Reihenfolge manifestieren. Die ersten fünf Gottheiten sind die Buddhas der fünf Familien, die ich bereits besprochen habe. Obwohl sie als »friedvoll« angesehen werden, sind sie nicht auf eine Weise beruhigend oder sanft, die uns vertraut ist. Sie haben eine intensiv wache Qualität. Der Erste, der erscheint, ist der blaue Vairocana, die Verkörperung der Dharmadhatu-Weisheit, die der Weisheitsaspekt des Klesha der Unwissenheit ist. Als Nächstes kommt der weiße Akshobhya, der die spiegelgleiche Weisheit, die erwachte Seite der Aggression, repräsentiert. Dann kommt der gelbe Ratnasambhava (Weisheit der Wesensgleichheit, Stolz), gefolgt vom roten Amitabha (unterscheidende Weisheit, Gier) und dem grünen Amoghasiddhi (alles vollendende Weisheit, Neid).

Mit dem Erscheinen jedes dieser Buddhas können wir das volle Erwachen erlangen, indem wir mit dem Buddha und seinem farbigen Licht verschmelzen. Das tun wir, indem wir uns entspannen und verstehen, dass wir unsere eigenen Projektionen sehen. Dzigar Kongtrul Rinpoche sagte, es gehe darum, direkt ins Licht zu blicken und dabeizubleiben. Das ist leichter gesagt als getan, denn unsere erste instinktive Reaktion ist in der Regel, uns von der überwältigenden Helligkeit des Lichts abzuwenden, weil wir es als beunruhigend empfinden, wenn wir nicht daran gewöhnt sind. Gleichzeitig sehen wir neben den hellen Lichtern auch schwächere, angenehmere Lichter und werden tendenziell eher von diesen angezogen. Wie sich jedoch herausstellt, ist es keine so gute Idee, sich von Gewohntem, Einlullendem und abhängig Machendem anziehen zu lassen.

In gewisser Weise ist es albern, aber jetzt, da ich mit diesen Lehren vertraut bin, übe ich immer, wenn ich zufällig sehr helles Licht sehe – Licht, das so durchdringend ist, dass ich mich abwenden möchte –, mich ihm zuzuwenden und zu entspannen. Wir neigen nämlich dazu, die gedämpfteren, einladenderen Alternativen aufzusuchen, selbst wenn das bedeutet, dass wir in unseren Neigungen und allzu vertrauten Mustern stecken bleiben. Trungpa Rinpoche bezeichnete das als »Bequemlichkeitsmentalität«, eine Eigenschaft, die seinem Eindruck nach bei seinen Schülerinnen und Schülern nur allzu häufig vorkam.

Im *Tibetischen Totenbuch* werden diese einladenderen Alternativen an zwei Stellen diskutiert. Sowohl im Bardo der Dharmata als auch im folgenden Bardo, dem des Werdens, locken uns die verführerischen gedämpfteren Lichter zurück ins Samsara. Diese sanften Lichter repräsentieren unsere vorhersehbare gewohnte Reaktion auf Unbequemes – wir werden eher von dem angezogen, was uns beruhigt, als von dem, was uns herausfordert. Im Bardo der Dharmata werden die gedämpften Lichter als Alternative zu den durchdringenden, strahlenden Lichtern der Weisheit dargestellt. Wir haben die Wahl, ob wir uns in unsere Neigungen und Kleshas zurückziehen lassen oder ob wir mit den durchdringenden Lichtern der Weisheit ganz präsent bleiben wollen. Entsprechend der Darstellung des Bardos des Werdens sind die gedämpften Lichter auch Wege, die es zu vermeiden gilt – Wege zu den sechs Bereichen der samsarischen Existenz. Darauf werde ich später noch ausführlich eingehen.

Die beste Vorbereitung auf diese Situation besteht darin, in diesem Leben so oft wie möglich zu üben, uns mit der Energie unseres dominanten Kleshas zu entspannen. Durch diesen Prozess wird sich die erwachte Qualität unserer eigenen Buddha-Familie allmählich offenbaren. Dann haben wir eine größere Chance, mit dieser Energie zu verschmelzen, wenn sie in ihrer reinen, unverfälschten Form im Bardo der Dharmata erscheint. Ist zum Beispiel mein Haupt-Klesha die Gier, kann ich üben, dieses Verlangen nicht zurückzuweisen, sondern mich mit seiner Energie zu entspannen, und vielleicht das Mitgefühl und die Wärme der Weisheit meiner Padma-Familie entdecken. Tue ich das oft und werde mit dieser Weisheit sehr vertraut, dann erkenne ich vielleicht das rote Licht von Amitabha im Bardo, bewege mich ganz natürlich darauf zu und entspanne mich darin. Und wenn nicht, ist das kein Grund zur Sorge – ich freunde mich weiterhin mit meinem hellwachen Padma-Ich an.

Es ist wichtig zu wissen, dass die spezifischen Details dessen, was uns begegnet, stark von unserer kulturellen Orientierung und unserem Glaubenssystem beeinflusst werden. So würde zum Beispiel ein Christ vielleicht alle Heiligen sehen. Ein Mann sagte mir, er habe keinen religiösen Glauben und werde deswegen vielleicht nur viele schöne Häschen sehen. Wahrscheinlich nicht, aber man kann nie wissen.

Falls wir nicht viel Zeit damit verbracht haben, Beschreibungen der Buddhas zu studieren und Thangka-Rollbilder von buddhistischen Gottheiten zu betrachten, ist es unwahrscheinlich, dass wir sie so sehen, wie sie in den Lehren dargestellt werden. Selbst in den verschiedenen tibetischen Texten werden sie teilweise unterschiedlich beschrieben. Doch anstatt uns zu sehr auf Details zu fixieren, sollten wir uns vor allem daran erinnern – und darin liegt die Gemeinsamkeit all dieser Lehren: Wir werden Weisheitswesen in irgendeiner Form sehen, und diese verkörpern die unseren Neurosen innewohnende Wachheit. Wenn wir uns daran gewöhnt haben, uns nicht von unserer Klesha-Energie abzuwenden oder uns angespannt gegen sie zu wenden, haben wir die Chance zu erkennen, dass diese wache Energie untrennbar mit unserer eigenen wahren Natur verbunden ist – sie ist keine äußere Vision, auf die wir mit Hoffnung und Angst reagieren.

Nach dem *Tibetischen Totenbuch* finden die Visionen des Bardos der Dharmata über einen Zeitraum von zwölf Tagen statt. In diesem Zusammenhang entspricht ein »Tag« jedoch nicht einem Zeitraum von 24 Stunden, der einen menschlichen Tag im Bardo dieses Lebens ausmacht. Die meisten Lehrenden definieren diese Tage als die Zeitspanne, in der man den Geist unabgelenkt in offenem Gewahrsein verweilen lassen kann; in diesem Fall könnte ein Tag so kurz sein wie die Zeit eines Fingerschnippens.

Die Erscheinungen während des Bardos der Dharmata sind zwar Projektionen unseres Geistes, wirken dadurch aber nicht weniger real als alles, was wir jetzt gerade erleben. Unser Geist projiziert immer. Trungpa Rinpoche hat geschrieben, er habe sehr viel Mitgefühl mit denen, »die Angst vor äußeren Phänomenen haben, die ihre eigenen Projektionen sind«[12]. Auf der Alltagsebene wissen wir zum Beispiel, dass unsere Projektionen, die eine bestimmte Person oder eine Gruppe betreffen, völlig unbegründet sein können. Wir wissen, dass viele unserer voreingenommenen Projektionen nicht glaubhaft sind und dass wir dementsprechend vielleicht einen furchterregenden Tiger sehen, obwohl es nur ein Stein ist.

Im Bardo der Dharmata wird unser himmelsgleicher Geist vorübergehend nicht von den Wolken der Gewohnheiten, Vorurteile und Storylines verdeckt. Unsere Projektionen haben nicht mehr die Dichte und Festigkeit wie die Objekte, denen wir im täglichen Leben begegnen. Sie sind eher Regenbögen. Die fünf Buddhas und alle anderen strahlenden Erscheinungen sind nicht das Produkt unseres gewöhnlichen verwirrten, dualistischen Geistes. Sie entspringen unserer wahren Natur, die unbeschreiblich, unvoreingenommen und nichtdual ist.

Jede Gottheit, die im Bardo der Dharmata projiziert wird, ist eine andere Gelegenheit zu vollständigem Erwachen. Zwar bietet uns die Buddha-Familie, die uns am ehesten entspricht, die beste Gelegenheit, aber all diese Gottheiten potenzielle Zugänge. Mit einer von ihnen zu verschmelzen ist wie die Wiedervereinigung mit unserer eigenen Weisheit in Form von etwas, was scheinbar im Außen liegt, aber untrennbar mit unserer eigenen tiefsten Natur verbunden ist. Wenn wir so viel wie möglich üben, offen zu sein für die unvorhersehbaren, bodenlosen Erscheinungen dieses Lebens, entwickeln wir vielleicht den Instinkt, im Bardo der Dharmata offen zu bleiben und ganz zu erwachen.

18

Sich für die heilige Welt öffnen

Das *Tibetische Totenbuch* gehört zu einer Kategorie buddhistischer Lehren, die als Vajrayana, das »Diamantfahrzeug«, bekannt sind. Das Vajrayana unterscheidet sich darin von anderen Ansätzen im Dharma, dass wir das Resultat als den Weg betrachten.

Im Allgemeinen führt ein Pfad von einem Ort zum anderen. Man betritt ihn, wo auch immer er beginnt, und folgt ihm, bis man sein endgültiges Ziel erreicht. Der Vajrayana-Pfad zum Erwachen ist nicht so. Der Grundgedanke ist, dass der Ort, an dem man sich befindet, bereits das endgültige Ziel ist. Mit anderen Worten: Sie sind bereits erleuchtet. Die Aufgabe ist bereits erledigt; tatsächlich war sie nie unerledigt. Sie brauchen nichts weiter zu tun, als das zu erkennen und vollständig anzuerkennen. Sie mögen dies für unmöglich halten, aber das ist es nicht.

Alle Vajrayana-Methoden beruhen auf dieser Sichtweise. Der Vajrayana-Pfad bietet zahllose Praktiken, viele davon beinhalten Visualisierungen. Beispielsweise visualisieren Sie sich selbst als einen Buddha im Zentrum eines erleuchteten Mandalas. Jeder, dem Sie begegnen, und alles, was Sie sehen, ist eine Gottheit, eine Manifestation der erleuchteten Form. Jeder Ton, den Sie hören, ist ein heiliges Mantra, eine Manifestation erleuchteter Sprache. Und alles, was Sie denken – jede Geistesregung –, ist ein Ausdruck des erleuchteten Geistes.

Diese Praxis schult uns, alles in unserer Erfahrung als heilig zu betrachten. Durch sie entdecken wir, dass wir in einer heiligen Welt leben – und immer gelebt haben. Das Wort »heilig« bedeutet jedoch nicht »religiös«. Es bedeutet »bereits erwacht«. Alles, was erscheint, ist bereits erwacht. Das Wort birgt auch die Atmosphäre, wertvoll oder gesegnet zu sein, in sich – nicht von irgendjemandem, sondern aufgrund seiner Natur gesegnet.

Vajrayana-Praktiken sind tiefgründig, komplex und leicht misszuverstehen. Es ist unerlässlich, sich unter der direkten Anleitung einer qualifizierten, erfahrenen Lehrperson damit zu befassen, die keine anderen persönlichen Absichten hat, als Ihnen zu helfen, zu Ihrer erleuchteten Natur zu erwachen. Eine gewisse Vertrautheit mit den grundlegenden Vorstellungen kann jedoch hilfreich sein, um einen positiveren, optimistischeren Blick auf den Tod und die Bardos zu entwickeln. Daher lohnt es sich meines Erachtens, sie in diesem Zusammenhang vorzustellen.

Wenn wir sagen, dass unsere Welt heilig ist und jeder, dem wir begegnen, eine Gottheit, was bedeutet das eigentlich in Bezug auf die Erfahrungen, die wir machen? Sehen wir alle Menschen umgeben von Licht, das aus ihnen herausströmt, so wie auf religiösen Gemälden? Verwandelt sich der Verkehrslärm vor unserem Fenster in eine himmlische Hymne?

Auf einer einfachen alltäglichen Ebene beginnt die heilige Welt mit einer Einstellung der Offenheit und Neugierde statt einer verurteilenden, furchtsamen Haltung. Wenn Sie morgens aufwachen, denken Sie: »Ich bin gespannt, was heute wohl passieren wird«, und nicht: »Ich weiß jetzt schon, warum heute ein elendiger Tag sein wird.« Ihre Einstellung ist »Ich lasse mich bereitwillig auf alles ein« und nicht »O weh!«.

Wir können diese Einstellung dadurch kultivieren, dass wir üben, das grundlegende Gutsein in allem zu erkennen, was wir sehen, hören und denken. Bei »grundlegendem Gutsein« geht es nicht um gut und schlecht im gewöhnlichen dualistischen Sinne, sondern darum, dass alles ein Ausdruck von Weisheit ist. Wir können alles einfach so sein lassen, wie es ist – ohne dafür oder dagegen zu sein, ohne es als richtig oder falsch, angenehm oder unangenehm, hässlich oder schön zu bezeichnen. Das ist die Haltung des grundlegenden Gutseins. Anstatt den Vorlieben und Abneigungen unseres Ichs zu folgen, können wir lernen, uns an den Phänomenen so, wie sie sind, zu erfreuen. Anstatt alles durch den Filter unserer Gewohnheiten und Neigungen zu sehen, können wir unsere Welt so schätzen, wie sie ist. Dies beschrieb der wegweisende Buddhismusforscher und Übersetzer Herbert Guenther damit, dass man die Welt zunehmend als »durchdrungen von einer Atmosphäre des Wunderbaren« erlebt.

Wenn wir in den Bardo der Dharmata eintreten, sind wir vorübergehend frei von mentalen Verdunkelungen und haben eine flüchtige Begegnung mit der wahren Natur der Phänomene. Dies nehmen wir als intensive, helle Lichter und lebendige Erscheinungen wahr, die sich zu den fünf Buddha-Familien oder – für Menschen verschiedener Glaubensrichtungen und Bräuche – zu ähnlichen Formen weiterentwickeln. Wir begegnen dem grundlegenden Gutsein unverhüllt und erleben die heilige Welt in ihrem vollen Glanz. Doch solange wir uns nicht an das Leuchten und die Kraft dieser ungefilterten Welt gewöhnt haben, werden wir uns höchstwahrscheinlich abwenden und etwas Vertrauteres und weniger Bedrohliches suchen. Wir verpassen diese Chance auf ein vollständiges Erwachen und gelangen ins nächste Bardo, den des Werdens. Dort finden wir Erscheinungen, die uns vertrauter sind.

Doch bevor ich den Bardo des Werdens beschreibe, möchte ich mehr über den entscheidenden Moment im Bardo der Dharmata sagen, in dem wir die Wahl haben, zu bleiben oder zu fliehen, entweder bei den strahlenden Projektionen unseres von Natur aus erleuchteten Geistes zu bleiben oder auf das zuzugehen, was uns bequemer und vertrauter erscheint. Welche Wahl wir dann treffen, wird gänzlich davon abhängen, wie wir jetzt unsere Entscheidungen fällen.

Als Menschen streben wir generell nach angenehmen Situationen, und wenn wir sie gefunden haben, tun wir alles, um darin zu bleiben. Entsprechend unserer Gewohnheit wollen wir uns in eine Position bringen, in der wir uns entspannen, es uns gut gehen lassen und sorgenfrei sein können. Wir streben auf unendlich viele Arten nach dem, was uns angenehm ist: durch Familie, Beziehungen, Unterhaltung, Geld, Essen, Alkohol, Kleidung, Möbel, Sonnenschein, Lob, Ruhm, Macht, einen Urlaub auf Maui, Religion und so weiter.

An sich ist nichts Falsches daran, dass wir uns in unserer Komfortzone aufhalten wollen. Es ist gesund, uns sicher und entspannt zu fühlen und zufrieden mit unserer Welt zu sein. Ich genieße den Sonnenschein und das gute Essen auf Maui sehr und empfinde es als echten Segen, dass ich diese Erfahrung gelegentlich machen darf. Wäre alles immer schwierig und problematisch, wären wir wahrscheinlich zu gestresst und ängstlich, um liebende Güte für uns selbst zu empfinden oder anderen gegenüber warmherzig und freundlich zu sein. Es fiele uns schwer, überhaupt etwas Positives im Leben zu sehen, geschweige denn, dass wir die Erfahrung der heiligen Welt machen würden. Vielen Menschen auf dieser Welt, die eigentlich gern einen spirituellen Weg einschlagen möchten, mangelt es einfach am notwendigen Mindestmaß an Annehmlichkeit, Ruhe und Zeit, um dieses Vorhaben umzusetzen. Wenn in unserem Leben eine gewisse Annehmlichkeit gegeben ist – genug, um zum Beispiel ein Buch über die Bardo-Lehren lesen zu können –, ist das etwas, was wir jeden Tag wertschätzen sollten.

Das Hauptproblem bei dem Streben nach Bequemlichkeit besteht darin, dass wir es tendenziell zu weit treiben. Wenn wir eine der Annehmlichkeiten, die wir uns wünschen, erreichen können, neigen wir dazu, dieses Bestreben zu einer Vollzeitbeschäftigung zu machen. Die Ausrichtung auf Bequemlichkeit wird zu unserem Lebensstil. Mitunter kommt es sogar so weit, dass wir geradezu besessen davon sind, Unbequemem aus dem Weg zu gehen. Wir glauben, wir könnten für immer in unserer Komfortzone bleiben, wenn wir nur irgendwie alles richtig machen. Das wird zu unserer Vorstellung vom »guten Leben«.

Wenn wir dann die Annehmlichkeit nicht erreichen – oder wenn das Objekt der Annehmlichkeit uns stattdessen Unbehagen bereitet –, meinen wir oft, wir hätten etwas falsch gemacht: uns sei aus Nachlässigkeit ein Fehler unterlaufen, wir hätten nicht alle Informationen zur Verfügung gehabt oder es einfach vermasselt. Aber nächstes Mal machen wir es richtig, denken wir. Beim nächsten Mal tun wir all die korrekten Schritte, so wie unsere Freunde, die auf ihren Instagram-Posts immer so glücklich und erfüllt aussehen. Die Wahrscheinlichkeit ist allerdings hoch, dass unsere Instagram-Freunde es ebenso machen wie wir. Sie sehen andere Menschen an und denken: »Wenn ich doch nur alles richtig machen könnte, so wie *sie*.« Vielleicht kommen ihnen solche Gedanken sogar, wenn sie unsere eigenen Instagram-Fotos betrachten! So zeigt sich, dass wir alle wahrscheinlich dieselben unschuldigen, naiven Annahmen über andere Menschen haben.

Wir sollten also einen Realitätscheck machen und uns eine einfache Frage stellen: Ist es in der gesamten Geschichte der

Menschheit irgendjemandem jemals gelungen, es dauerhaft bequem zu haben? Oder andersherum: Hat es jemals ein Mensch geschafft, Unangenehmes zu vermeiden? Konnte irgendjemand jemals Verlust, Krankheit, Enttäuschung und Bodenlosigkeit entgehen? Oder dem Tod? Wie Thinley Norbu Rinpoche zu sagen pflegte: »Perfekt gibt es nicht in diesem Samsara.«

Wir kennen die Antworten auf all diese Fragen. Schwierigkeiten und unerwünschte Ereignisse sind unvermeidlich. Bodenlosigkeit und Tod sind unvermeidlich. Keine Zeit der Bequemlichkeit ist von Dauer. Es ist wichtig, das Leben zu genießen und nicht fortwährend von den Schwierigkeiten, die es mit sich bringt, überwältigt zu werden. Es ist wichtig, sich zu entspannen und die Batterien aufzuladen, aber wenn wir immer bei jeder Herausforderung weglaufen, werden wir feststellen: Es gibt keinen Ort, an dem wir uns verstecken können.

Außerhalb der Komfortzone liegt das, was Pädagogen als »Lernzone« bezeichnen. Hier wird man gefordert. Sie wünschen sich einen bestimmten Verlauf der Dinge, doch sie entwickeln sich anders. Sie wollen gesund sein, werden aber krank. Sie wollen einen guten Eindruck machen, machen sich aber zum Narren. Sie wünschen sich Ruhe und Frieden, sind aber stattdessen Lärm und Chaos ausgesetzt. Es gibt unzählige Möglichkeiten, wie unser Streben nach Bequemlichkeit durchkreuzt werden kann. Doch in solchen herausfordernden Situationen findet im Leben das gesamte Wachstum statt.

In der Lernzone finden wir heraus, aus welchem Holz wir geschnitzt sind. Hier zeigt sich unsere Neigung, uns gestört zu fühlen. Hier kommen all unsere Kleshas und destruktiven Gewohnheiten hoch. Hier entbrennt unser Ego, und wir neigen dazu, uns zu wehren oder »auszuflippen«. Und genau hier haben wir die einmalige Gelegenheit, uns von unseren Gewohnheitsmustern zu befreien.

Die meiste Zeit werden wir von unseren Neigungen beherrscht. Unser ständiger Kampf gegen das Leben, so wie es ist, ist mit einer dicken Wolkendecke vergleichbar, die ständig unseren klaren, unvoreingenommenen Verstand verdeckt. Haben wir jedoch erst einmal ein Gefühl für diesen entspannten, offenen Geist entwickelt – durch formale Meditationspraxis oder die Erfahrung von Lücken und anderen Momenten der Weiträumigkeit im täglichen Leben –, dann können wir Lust auf alles entwickeln, was uns hilft, die Wolken zu durchdringen. An diesem Punkt beginnen wir Unannehmlichkeiten und Enttäuschungen zu schätzen. Selbst wenn wir solche unerwünschten Ereignisse und Gefühle nicht unbedingt einladen oder genießen, lernen wir doch, wie wir sie besser nutzen können, wenn sie sich spontan ergeben.

Manche haben den Hang, sich selbst in schwierige Situationen hineinzuzwingen. Das geht oft nach hinten los. Wenn wir nicht genügend auf Körper und Geist achten, kann es passieren, dass wir uns selbst über die Herausforderungs- bzw. Lernzone hinaus in die Zone des »hohen Risikos« oder der »Gefahr« drängen: die Angst- bzw. Panikzone. In dieser Zone überfordern uns die Unannehmlichkeiten oder der Stress, und wir lernen nichts mehr. Stattdessen sind wir am Ende vielleicht traumatisiert und ziehen uns weiter in die Ausrichtung auf Bequemlichkeit zurück. Natürlich kann es vorkommen, dass uns die Gefahrenzone aufgedrängt wird und wir keine andere Wahl haben, als das Beste daraus zu machen. Aber wenn wir Herausforderungen als Mittel zum Wachstum annehmen, müssen wir aufpassen, dass wir es nicht übertreiben.

Der Buddha plädierte bekanntlich für den »mittleren Weg« in der spirituellen Praxis und warnte davor, in Extreme zu verfallen. Das eine Extrem ist, auf Bequemlichkeit versessen zu sein, das andere, mutwillig Gefahren einzugehen. Der Mittelweg besteht in diesem Zusammenhang darin, alles, was sich natürlich ereignet, als Mittel zu nutzen, um Herz und Geist zu öffnen. Wenn Sie üben, in allem, was sich ergibt, nach dem grundlegenden Gutsein zu suchen, werden Sie sich weiterentwickeln, komme, was wolle. Allmählich gelangen Sie in einen anderen Zustand. Sie haben neue Wege des Verstehens. Mit der Zeit vertieft sich etwas in Ihnen. Wenn Sie Freunden begegnen, die Sie mehrere Jahre nicht mehr gesehen haben, sagen diese vielleicht: »Irgendwie hast du dich verändert.« Vielleicht fällt ihnen auf, dass Sie offener und flexibler sind, nicht mehr so verkrampft, und dass Sie sich selbst nicht mehr so ernst nehmen wie früher. Wenn Sie Herausforderungen als Gelegenheiten zum Wachstum betrachten, gelangen solche Veränderungen ganz natürlich zur Entfaltung. Vielleicht geschieht es nach und nach – ganz allmählich, sodass wir es nicht einmal merken. Dennoch können wir darauf vertrauen, dass sich diese Entfaltung von Moment zu Moment, von Tag zu Tag fortsetzt.

Das Leben ist in der Regel dann am schwierigsten, wenn wir lange Zeit im Halbschlaf verbracht haben, eingedöst in unseren Annahmen darüber, wie die Dinge sind und wie sie sein sollten. Dann drängt sich ein Ereignis oder eine Einsicht in unseren dumpfen Geisteszustand und sagt: »Wach auf!« Wenn uns etwas plötzlich die Vergänglichkeit in Erinnerung ruft, kann das eine solche Wirkung haben. Der Verlust eines geliebten Menschen oder ein Blick auf unser überraschend gealtertes Gesicht im Spiegel kann uns aus unserer Selbstzufriedenheit aufrütteln. Nicht immer wollen wir die Wahrheit hören. Um jedoch unser volles Potenzial als menschliche Wesen zu erfahren, ist es sinnvoll, die Wahrheit wertzuschätzen, in welcher Form auch immer sie erscheint.

Wenn wir Lust darauf entwickeln, die Herausforderungen des täglichen Lebens willkommen zu heißen, wird unsere tägliche Erfahrung entspannter und angenehmer. Wir fühlen uns wohler mit Überraschungen und Ungewissheit und sind besser in der Lage, uns auf Situationen einzulassen, die früher in der Gefahren- bzw. Panikzone lagen. Und wenn wir sterben, sind wir bereit für die strahlenden, verwirrenden Erfahrungen, die in den Bardo-Lehren beschrieben werden.

Die hellen Lichter des Bardos der Dharmata sind die Lichter der unverstellten, kompromisslosen Realität. Wie ich schon sagte: Es ist ungeheuer hilfreich, mit der Energie unserer vorherrschenden Buddha-Familie vertraut zu werden, damit wir, wenn sie in diesem Bardo unverfälscht erscheint, mit ihr verschmelzen und unsere erleuchtete Natur erkennen können. Wir brauchen jedoch nicht zu denken: »Ich gehöre zur Padma-Familie, darum sollte ich nach dem roten Licht Ausschau halten.« Oder: »Ich bin Karma, also halte ich Ausschau nach Buddha Amoghasiddhi.« Der Bardo der Dharmata ist kein akademischer Test, für den wir lernen, um eine gute Note zu bekommen. Vielmehr geht es darum, dass wir die Gewohnheit entwickeln, für die gesamte Bandbreite des Lebens offen zu sein und uns auf die Herausforderung einzulassen, statt die Fluchtroute zu wählen: das beruhigende Essen, das kuschelige Bett, die endlosen Möglichkeiten, uns abzulenken und abzudriften.

Wie wir leben, so sterben wir. Wenn wir bereit sind, Zeit in der Lernzone, der Zone der Herausforderung, zu verbringen, werden wir ebenso mutig auch dem Bardo gegenübertreten und von allen Ängsten befreit werden. Schrecken wir jedoch gewohnheitsmäßig vor Herausforderungen zurück, werden wir vom Weg des geringsten Widerstands angezogen. In diesem Fall gelangen wir in den Bardo des Werdens, so wie die große Mehrheit der fühlenden Wesen, wenn sie sterben. Doch hier ist eine sehr gute Nachricht: In diesem Bardo gibt es weitere Gelegenheiten zu erwachen.

19

Vom Offenen zum Konkreten: Ein ewiges Muster

Dem Buddha zufolge ist niemals alles verloren. Das liegt daran, dass jedes Lebewesen – von den Menschen über winzige Insekten bis hin zu unsichtbaren Geistern – das Potenzial hat, vollständig zu erwachen. Wie wunderbar, dass allen Wesen dieses Potenzial innewohnt!

Für alle, die sich nicht rechtzeitig auf den Tod vorbereitet haben, gehen die Gelegenheiten zu erwachen im Bardo des Sterbens und im Bardo der Dharmata so schnell vorüber, dass sie wahrscheinlich nicht erkannt werden. Wenn ein Insekt auf die Windschutzscheibe prallt, während Sie Auto fahren, wird es sicherlich kein Gewahrsein des klaren Lichts oder von Gottheiten haben (es sei denn, es ist ein ganz besonderes Insekt), sondern sich sofort im nächsten Bardo, dem Bardo des Werdens, wiederfinden. Hier werden seine Neigungen es zur nächsten Geburt in einem der Samsara-Bereiche ziehen.

Unsere Erfahrung im Bardo des Werdens ist, wie es heißt, genauso wie unsere Erfahrung in einem Traum. Wenn wir träumen, gehen wir mit dem Körper weder irgendwohin, noch tun wir etwas mit ihm. Er liegt schlafend im Bett. Dennoch machen wir lebhafte, aktive Erfahrungen, die sich real anfühlen, weil unser Geist einen Geistkörper projiziert. Dieser kann dasselbe tun wie unser physischer Körper. Da er aber weniger geerdet ist als unser Körper im Wachzustand, kann er auch viele andere wunderbare Dinge tun.

Im Traum können wir Wunder vollbringen: Wir können fliegen, durch Wände gehen, uns in Räumen und anderswo aufhalten, wo wir mit einem festen physischen Körper unmöglich sein könnten. Genauso ist es im Bardo des Werdens. Weil der Geistkörper nicht mehr an etwas Physisches gebunden ist, kann er erstaunliche Dinge tun. Die Erfahrung dieses Bardos ist jedoch, so heißt es, eher verstörend als aufregend. Es ist, als würde man von ungeheuer starken Winden hin und her geweht. Nach einiger Zeit in einem solch schutzlosen, unruhigen Zustand suchen sich die meisten Wesen zwangsläufig einen neuen Körper.

Es heißt, dass die Erfahrung des Sterbens, das Durchlaufen des Zwischenzustands und die neue Geburt dem täglichen Prozess des Einschlafens, Träumens und Aufwachens am folgenden Tag sehr ähnlich sind. Wenn wir einschlafen, ziehen sich unsere fünf Arten des Sinnesbewusstseins – ähnlich wie zum Zeitpunkt des Todes – eine nach der anderen zurück: ein nächtlicher Auflösungsprozess. Am Ende dieses Vorgangs erleben wir einen kurzen Zwischenraum, eine Lücke, die dem Aufscheinen des klaren Lichts der Mutter zum Zeitpunkt des Todes ähnelt. Es ist ein Moment des völlig offenen Raums, unendlichen Potenzials. Die Lücke ist für die meisten von uns zu flüchtig, um sie wahrzunehmen, aber fortgeschrittene Meditierende, die in der Lage sind, das Gewahrsein beim Einschlafen aufrechtzuerhalten, können dieses klare Licht wahrnehmen und darin verweilen.

Aus diesem offenen Raum entstehen die ersten Andeutungen von Form. Wie im Bardo der Dharmata sind dies ichlose Projektionen des Geistes. Diese Erscheinungen sind so subtil und flüchtig, dass sie sehr leicht zu übersehen sind. Von hier aus betreten wir die Welt der Träume, wo das, was uns begegnet, allem Anschein nach mehr Substanz hat. Unser Geistkörper macht weiterhin Sinneserfahrungen. Diese Erfahrungen ergeben entsprechend unserer alltäglichen Logik zwar nicht immer einen Sinn, aber wir halten das, was geschieht, für real und reagieren entsprechend unseren Neigungen darauf. All das ist vergleichbar mit dem, was im Bardo des Werdens geschieht.

Wenn wir morgens aufwachen, sind unsere normalen fünf Sinne wieder da, und wir finden uns in einem physischen Körper wieder. Das ist wie unsere nächste Geburt. Unsere vergangenen Erfahrungen – aus der Nacht, die zu Ende gegangen ist, aus dem vergangenen Tag und all unseren vergangenen Nächten und Tagen – sind für immer vorbei. In vielerlei Hinsicht erleben wir einen Neuanfang, ein neues Leben.

Dieses Muster des Übergangs vom Offenen zum Konkreten wiederholt sich in vielerlei Hinsicht während des natürlichen Bardo dieses Lebens. Tatsächlich wiederholt es sich kontinuierlich im Lauf jedes einzelnen Tages. Jeder Augenblick geht zu Ende. Dieses Ende ist gewissermaßen ein Tod. Etwas war und ist nicht mehr. Bevor das nächste Ereignis eintritt, ist da eine Lücke, ein Moment völliger Offenheit und des unbegrenzten Potenzials. Diesem Raum der Möglichkeiten entspringt eine zarte Energie, eine subtile Andeutung dessen, was als Nächstes entstehen wird. Diese Energie verfestigt sich fast augenblicklich, und der nächste Moment unserer Erfahrung ist geboren.

Auf einer sehr subtilen Ebene dauert keine unserer Erfahrungen länger als einen Augenblick. Es mag den Anschein haben, dass wir von einem Moment zum nächsten denselben Fliederduft riechen oder denselben Ärger empfinden, aber wenn wir langsam genug werden, um die kontinuierliche subtile Bewegung des Lebens wahrzunehmen, wird deutlich, dass alles in einem ständigen Wandel befindlich ist und es viele Lücken gibt.

Das können wir auf dem Meditationskissen überprüfen. So könnten wir beispielsweise das Gefühl haben, dass wir einen massiven, ununterbrochenen Zustand des Zorns erleben. Bei genauem Hinsehen erkennen wir jedoch, dass der Zorn nicht so aus einem Block ist, wie er erscheint.

Wie jedes Klesha ebbt Zorn ab und wogt erneut auf. Er zeigt sich in verschiedenen Teilen des Körpers, und während der Erfahrung ergeben sich Momente, in denen unsere Aufmerksamkeit ganz woanders hingeht und wir die Wut nicht mehr spüren.

Weit fortgeschrittene Meditierende sind imstande, alle Stadien dieses Prozesses bewusst wahrzunehmen – nicht nur das Ende eines Augenblicks und den Beginn des nächsten, sondern auch die Energie dazwischen. In der Sprache des tibetischen Buddhismus wird dieses dreistufige Muster oft mit den Begriffen der »drei *Kayas*« beschrieben.

Das Sanskrit-Wort Kaya bedeutet wörtlich »Körper«, doch hier sprechen wir von verschiedenen Ebenen der Realität, angefangen bei der subtilsten bis hin zur gröbsten. *Dharmakaya* bezieht sich auf den ursprünglichen Raum, aus dem alle Formen hervorgehen. *Sambhogakaya* ist der energetische Aspekt, die subtile Form hinter den verfestigten Manifestationen, die unsere alltägliche Erfahrung ausmachen. *Nirmanakaya* bezieht sich auf die konkreten Phänomene, die wir mit unseren gewöhnlichen Fähigkeiten wahrnehmen können.

Aus einer bestimmten Sicht sind die drei Kayas Stufen, die sich von Augenblick zu Augenblick wiederholen. Wir können aber auch sagen, dass alle drei zu jeder Zeit präsent sind. In dem offenen Raum, der alle Möglichkeiten in sich birgt, ist immer ein energetisches Potenzial vorhanden. Und diese beiden Aspekte der Realität – Raum und Energie – manifestieren sich immer in konkreten Formen.

Weiter gefasst können wir die drei Kayas mit den drei Hauptmöglichkeiten, in den Bardos zu erwachen, in Verbindung bringen. Im Moment des Todes ist die Chance, mit dem offenen, leeren Licht der Mutter zu verschmelzen, eine Chance, mit dem Dharmakaya-Aspekt unserer eigenen Natur zu verschmelzen. Im Bardo der Dharmata ist die Möglichkeit gegeben, mit den hellen Lichtern und den friedvollen und zornvollen Gottheiten zu verschmelzen. Diese energetischen Erscheinungen sind Manifestationen des Sambhogakaya-Aspekts unserer eigenen Natur.

Schließlich begegnen wir im Bardo des Werdens den traumartigen Erscheinungen des Nirmanakaya-Aspekts unserer Natur. In diesem Stadium besteht zwar keine Chance mehr auf plötzliche Erleuchtung, aber wir können in ein sogenanntes reines Land gehen. Oder aber es ist möglich, dass wir – sofern wir uns in diesem Leben gut vorbereitet haben – eine gewisse Kontrolle darüber haben, wo und in welcher Form unsere nächste Geburt stattfinden wird.

20

In den Bardo des Werdens eintreten

Wie uns das *Tibetische Totenbuch* sagt: Wenn wir die kurze Chance verpassen, im Bardo der Dharmata zu erwachen, werden wir bewusstlos und wachen im Bardo des Werdens wieder auf, der, wie es heißt, maximal 49 Tage dauert.[13] Das Wort »Werden« bezieht sich auf die Vorstellung, dass wir an diesem Punkt unseres Weges alles werden können. Wir können als jegliches Lebewesen und an jedem Ort, an dem Lebewesen existieren, wiedergeboren werden. Dieser Zwischenzustand wird auch als der »karmische Bardo des Werdens« bezeichnet, weil wir stark von unserem Karma gezogen werden. Mit anderen Worten: Unsere Richtung wird durch all das bestimmt, was wir getan, gesagt und gedacht haben – und durch die Prägungen, die diese Handlungen in unserem Geist hinterlassen haben.

Auch hier gilt wieder: Dies ist die tibetische Weltsicht, die Sie übernehmen können oder auch nicht. Aber selbst auf dieses Leben bezogen ist für uns erkennbar, dass wir durch das, was wir mit Körper, Rede und Geist tun, fortwährend unsere zukünftige Realität erschaffen. Jedes Mal, wenn wir uns von unseren Kleshas hinreißen lassen, indem wir zum Beispiel andere scharf attackieren oder uns selbst herabsetzen, verstärken wir unsere selbstzerstörerischen Gewohnheiten und intensivieren unseren Kampf gegen das Leben, wie es ist.

Dieser Konflikt spiegelt sich in unserer äußeren Umgebung wider. Wenn wir uns von unseren schädigenden Tendenzen überwältigen lassen, wird unsere Welt immer widriger und manchmal sogar feindselig. Wenn wir hingegen Tag für Tag daran arbeiten, uns mit dem Herzen zu verbinden und geistig offen zu sein, werden unsere äußeren Umstände und die Menschen, denen wir begegnen, freundlicher und hilfsbereiter. Auf diese Weise zieht uns stets unser Karma, egal ob wir uns mitten in diesem Leben oder im Zwischenraum zwischen zwei Leben befinden. Wir sind immer »im Werden«. Wie Trungpa Rinpoche sagen würde: »Die Zukunft ist offen.«

Nach den traditionellen Lehren durchleben wir, wenn wir in den Bardo des Werdens eintreten, mit unserem Geistkörper Erfahrungen, die wir als genauso real empfinden wie die in einem Traum. Im Bardo der Dharmata machen wir, wenn auch nur flüchtig, die Erfahrung der wahren Natur der Wirklichkeit ohne den Filter des Ichs. Im Bardo des Werdens kehren jedoch all unsere gewohnten Muster zurück. Obwohl sich unsere ganze Welt verändert hat, sind wir zu dem vertrauten Ich-Gefühl zurückgekehrt, dem Gefühl von »Ich bin *ich,* dieses individuelle Wesen, das sich von allem anderen unterscheidet«. In gewisser Weise empfinden wir dadurch alles als vertrauter. Wir befinden uns in einer Welt, die für uns Sinn ergibt, und aller Wahrscheinlichkeit nach haben wir keine Ahnung, dass wir gestorben sind.

Ebenso wie im Traum sind wir nicht an die Beschränkungen des physischen Körpers gebunden. Selbst wenn Sie im hohen Alter gestorben sind und kaum noch hören oder sehen konnten, funktionieren jetzt alle Sinne einwandfrei. Wenn Sie am Ende Ihres Lebens steif und schwach waren, ist Ihr geistiger Körper jetzt leicht und beweglich.

Es heißt, dass Ihr Bewusstsein in diesem Bardo siebenmal klarer ist als vor Ihrem Tod. Sie können die Gedanken der noch

Lebenden lesen und hören, was sie über Sie denken. Das kann Ihnen unter Umständen großen Kummer bereiten. So könnten Ihre Angehörigen beispielsweise auf Ihr Geld aus sein, sich deswegen streiten und wenig schmeichelhafte Dinge über Ihren Geiz sagen. Vielleicht zanken sie sich darum, wer was erhalten soll, und gehen geringschätzig mit Ihren wertvollen Besitztümern um. Vielleicht werfen sie etwas, was Ihnen lieb und teuer ist, in den Müll.

Darum werden wir dazu ermuntert, unseren Besitz vor dem Tod zu verschenken und Wünsche in einem Testament klar zu formulieren. Je weniger uns belastet, wenn wir sterben, umso besser ist es. Je mehr Vorlieben wir loslassen und je weniger wir an Dingen festhalten, umso günstiger.

Eine gute Freundin von mir schrieb genau auf, wer ihre Habe nach ihrem Tod erhalten sollte. Allerdings hatte sie versehentlich zwei Personen gesagt, dass sie ihre Perlenkette haben könnten. Das löste schlechte Gefühle aus, die schwer zu ertragen waren. Ich stellte mir vor, wie meine Freundin aus dem Bardo des Werdens herabschaute, bestürzt darüber, dass ihre sorgfältige Planung nicht geklappt hatte!

Eine andere Freundin hing sehr an ihren Besitztümern und wollte sie eigentlich vor ihrem Tod verschenken, war jedoch außerstande loszulassen. Nach ihrem Tod war die Menge ihrer Besitztümer so überwältigend, dass ihre Freunde damit einfach überfordert waren.

Also entfachten sie ein großes Lagerfeuer und warfen kistenweise Sachen hinein. Darunter waren auch Fotos, die jahrelang sorgfältig beschriftet worden waren, nun aber niemandem mehr etwas bedeuteten – sie endeten im Feuer. Die Moral von der Geschicht' lautet: »Lass alle Bindungen an dieses Leben los«, solange es noch geht. Auf diese Weise ist im Bardo viel weniger da, was Sie in Aufruhr versetzen könnte.

Ich habe schriftlich meinen Wunsch geäußert, dass ich Stille haben möchte, wenn ich im Sterben liege. Doch vor Kurzem ist mir klar geworden, dass Enttäuschung vorprogrammiert ist, falls ich mich zu sehr an diesen Wunsch klammere. Das Letzte, was ich möchte, ist, mich im Sterben aufregen, weil es zu laut ist! Es heißt, dass man im Bardo des Werdens als Erstes dorthin zurückkehrt, wo man gelebt hat. Sie sehen Ihre Familie, die weint, und wissen nicht, warum. Es ist verwirrend. Sie versuchen, mit den Familienmitgliedern zu kommunizieren, erhalten aber keine Antwort. Dann dämmert es Ihnen, dass die Familie noch nicht einmal weiß, dass Sie da sind. Im *Tibetischen Totenbuch* heißt es, der Schmerz, den Sie dann empfinden, sei so intensiv wie »der Schmerz eines Fisches, der auf heißem Sand hin und her rollt«[14]. Darum wird in den Lehren empfohlen, dass wir eine Person, die wir kennen und die gerade verstorben ist, immer wieder daran erinnern sollten, dass sie tot ist. Das wird ihre Verwirrung verringern und ihr helfen, das, was geschieht, zu akzeptieren. Wir können sie daran erinnern, wenn wir neben ihrem Leichnam sitzen, oder auch später und aus der Ferne. Wenn ihr niemand sagt, dass sie tot ist, macht sie unter Umständen noch lange so weiter, ohne es zu merken.

Es heißt, das Leben im Bardo des Werdens sei extrem wechselhaft. Sobald man an einen Ort denkt, ist man augenblicklich dort. Sie könnten an Brooklyn denken und laufen daraufhin sofort eine Straße in Brooklyn entlang. Im nächsten Moment denken Sie vielleicht an Kenia, und schon sind Sie in einem Haus in Kenia. Manchmal sind diese Erfahrungen angenehm, manchmal nicht, aber der Gesamteindruck ist verwirrend und anstrengend. Man kommt nie zur Ruhe. Mit der Zeit sehnt man sich immer mehr nach einem physischen Körper.

Dieser Bardo soll angeblich sehr trübe sein – für mich ist das ein unangenehmer Gedanke. Man sieht andere Bardo-Wesen, die etwa zur selben Zeit gestorben sind, kann aber nur kurz mit ihnen kommunizieren, weil alle ständig in Bewegung sind. Wenn Sie entsprechend Ihrer Gewohnheit vor allem, was Sie stört, weglaufen, dann sind Sie in diesem Bardo ständig auf der Flucht. Obwohl es nicht Teil der Tradition ist, führe ich bisweilen Gespräche mit verstorbenen Freunden. Das tue ich in den 49 Tagen nach ihrem Tod in der Hoffnung, ihnen einen reibungslosen Übergang zu ermöglichen. Der wichtigste Rat, den ich ihnen gebe, lautet: »Nicht rennen. Werde langsam. Mach keine schnellen Bewegungen. Stell dich dem, was dir Angst macht.« Das ist auch ein guter Rat fürs Leben.

Einige von Ihnen werden sich an die Geschichte aus meinem Buch *Wenn alles zusammenbricht* über meine Jugendfreundin Suzy und ihren wiederkehrenden Albtraum erinnern. Als wir etwa zehn Jahre alt waren, träumte sie jede Nacht, dass sie von Monstern gejagt wurde. Eines Tages fragte ich sie, wie die Monster aussahen. Sie wusste es nicht, weil sie sich zu sehr fürchtete und immer davonlief. Das machte sie offenbar neugierig. In der folgenden Nacht nahm sie all ihren Mut zusammen und drehte sich um. Sie zitterte am ganzen Leib und tat das Undenkbare: Sie schaute sie an. Zuerst stürzten sie auf sie zu, doch dann lösten sie sich einfach auf. Und das war das Ende ihrer Albträume.[15] An diese Geschichte sollte man sich im Bardo des Werdens erinnern.

In diesem Bardo wirkt die Atmosphäre oft bedrohlich, weil die fünf Elemente sich tendenziell als Feinde zeigen. Wird zum Beispiel das Luftelement als feindlich empfunden, kommen Wirbelstürme und Tornados auf. Wirkt das Erdelement feindselig, erlebt man Erdbeben und Erdrutsche. Das Wasserelement kann Tsunamis und Überschwemmungen auslösen. Das führt uns zu einem wiederkehrenden Thema zurück: So wie wir jetzt mit beängstigenden Ereignissen umgehen, werden wir auch im

Bardo des Werdens mit ihnen umgehen. Als sehr wichtig sollten wir dies betrachten: Regen wir uns auf, sodass uns die Bereitschaft abhandenkommt, uns um andere zu kümmern, oder bleiben wir lieber präsent, ganz bei unseren Gefühlen, und kümmern uns um das, was andere erleben?

In einigen Büchern über die Bardos ist von einem Lebensrückblick und einem »Gericht« die Rede, wie in vielen Weltreligionen beschrieben. Man sieht alles, was man im Leben getan hat – jede Handlung, ob richtig oder falsch, wichtig oder unwichtig, schmeichelhaft oder unvorteilhaft. Richter ist niemand anders als Ihr eigenes Gewissen. In diesem Zustand können Sie Ihre Handlungen und die dahinterstehenden Beweggründe klar erkennen, und das kann sehr leidvoll sein. Nonnen und Mönche betrachten ihr Leben an jedem Neu- und Vollmondtag in der sogenannten *Sojong*-Zeremonie. Bei dieser Zeremonie geht es darum, alle Taten, die sie in den letzten Wochen und im Lauf des ganzen Lebens bereut haben, so vollständig und mitfühlend wie möglich anzuerkennen. Dann gibt es nach dem Tod nichts mehr, wofür sie sich schämen müssten, nichts, was sie nicht angesehen und losgelassen haben, nichts, was sie zurückhält.

Einer der Punkte, der in den Bardo-Lehren am meisten betont wird, ist die Macht der positiven und negativen Gedanken. Weil unser Bewusstsein so viel schärfer ist als sonst, kann ein einziger positiver Gedanke die Schwungkraft einer leidvollen oder beängstigenden Erfahrung unterbrechen und uns sofort in einen viel angenehmeren Zustand versetzen. Aber auch umgekehrt gilt: Ein negativer Gedanke kann uns plötzlich in tiefstes Leiden herunterziehen. Das ist natürlich jetzt, in diesem Moment, ebenso wichtig wie im Bardo des Werdens.

Deshalb ermuntere ich meine Freunde, die im Bardo sind, in solchen Gesprächen immer zu positiven Gedanken. Statt zu klagen und zu grollen – zum Beispiel, weil all ihre geliebten Fotos verbrannt werden –, ermutige ich sie, an Menschen und Orte zu denken, die sie lieben, an Dinge, die sie inspirieren, und auch, ihr Herz für andere zu öffnen.

Ob wir glauben, dass ein solcher Zwischenzustand wirklich existiert oder nicht, wir können diese Lehren unabhängig davon zu Lebzeiten anwenden und Nutzen daraus ziehen. Auch wenn unsere Gedanken zum jetzigen Zeitpunkt nicht ganz so wirkungsvoll sind wie im Bardo des Werdens, sollte man ihre enorme Kraft, uns mitzureißen, niemals unterschätzen.

Unsere Fähigkeit, die Schwungkraft negativer Gedankenmuster zu unterbrechen, kann durch Meditationspraxis erheblich verbessert werden. Das weiß ich aus eigener Erfahrung und aus vielen Gesprächen über Meditation mit Schülern, die ich im Lauf der Jahre geführt habe. Je mehr wir üben, umso mehr gewöhnen wir uns daran, präsent zu bleiben mit Gedanken, Gefühlen und Umständen, die uns früher mitgerissen haben. Anstatt weiterhin nur auf der Grundlage unserer Gewohnheiten zu reagieren, können wir allmählich eine angemessene Distanz zu den fesselnden Ereignissen in unserem Geist und in unserer Wahrnehmung entwickeln. Wir können besser darin werden, unsere Emotionen in einem früheren Stadium zu »erwischen«, bevor die Storyline voll in Gang kommt und unsere kleinen Glutfunken in zerstörerische Flammen verwandelt.

Die beste Vorbereitung auf die Bodenlosigkeit des Bardo des Werdens besteht darin, jetzt schon daran zu arbeiten, mit der Bodenlosigkeit dieses Lebens umzugehen. Das wird sich zu Lebzeiten auszahlen, egal was entsprechend unserer Überzeugung nach dem Tod passiert. Wenn wir uns damit abfinden, dass die Erfahrungen des Geistes unvorhersehbar und vergänglich sind, sind wir weniger anfällig dafür, in jeder chaotischen Situation wie eine Feder herumgewirbelt zu werden. Sind wir mit den

Eigenschaften und dem Potenzial unseres Geistes aufs Tiefste vertraut – wie erstaunlich unser Geist ist, wie geschmeidig, wie gut handhabbar –, haben wir mehr Wahlfreiheit, was auch immer geschieht. Selbst wenn der Geist ungeheuer schnell und unstet wird, wie es im Bardo des Werdens der Fall sein soll, sind wir in gewisser Weise imstande, ihn in eine günstige Richtung zu lenken.

In jeder anstrengenden oder schwierigen Lebenssituation ist es hilfreich, möglichst offen und präsent zu sein. Das nützt uns und den Menschen um uns herum grundsätzlich mehr, als in Panik zu geraten und wegzulaufen. Dasselbe gilt für den Bardo des Werdens, wenn unsere Fähigkeit, präsent zu bleiben, das einzig Beständige ist, das wir dann haben. Auch hier gilt: Ob wir diese Fähigkeit haben, hängt davon ab, ob wir sie vor unserem Tod entwickelt haben.

Vor langer Zeit hörte ich einmal eine Geschichte über zwei buddhistische Mönche, die in einem Tempel in Kalifornien lebten. Sie machten sich auf den Weg, um die Strecke an der gesamten Westküste entlang, von der Spitze des Bundesstaats Washington bis zum Ende Kaliforniens, in Niederwerfungen zurückzulegen. Sie gingen drei oder vier Schritte, dann knieten sie nieder und berührten mit Händen und Stirn den Boden. Danach erhoben sie sich wieder, gingen ein paar Schritte weiter, warfen sich aufs Neue nieder und so weiter – Hunderte Kilometer.

Entsprechend ihrer Absicht wollten die Mönche alles, was während der Reise geschah, als Projektion ihres Geistes betrachten und dabei stets versuchen, ihre wechselseitige Verbundenheit mit allem, was ihnen begegnete, zu sehen. Sie waren bestrebt, diese offene, mutige Haltung beizubehalten. Was auch immer geschah, war nicht von ihnen abgesondert. Es gab keine Trennung zwischen den Mönchen und ihrer Umgebung. Durch ihre Studien und Praktiken verstanden sie – zumindest vom Verstand her –, dass alles, was auftauchte, nicht von ihrem Geist getrennt war.

Die Mönche begaben sich auf eine Reise, um Furchtlosigkeit zu entwickeln, ebenso wie Liebe und Mitgefühl und ein tiefes Gefühl dafür, dass wir alle miteinander verbunden sind. Ihre Reise war auch eine hervorragende Schulung für die Reise durch den Bardo.

Mit ihren Niederwerfungen würdigten die Mönche nicht nur den Buddha, sondern ihre gesamte Erfahrung, was und wen auch immer sie sahen, einschließlich sich selbst. Wahrscheinlich sahen sie mehr Asphalt und Kieselsteine als irgendetwas anderes, doch das spielte keine Rolle: Alles war es aus ihrer Sicht wert, sich davor niederzuwerfen.

Irgendwann führte sie ihr Weg durch ein Viertel in Los Angeles. Eine Gruppe Jugendliche sah die kahlköpfigen Männer in ihren Gewändern, die sich sehr seltsam verhielten, und umringten sie. Sie verspotteten sie, lachten sie aus und versuchten, sie einzuschüchtern. Ein junger Mann hob ein scharfes Metallstück auf und schwang es bedrohlich vor ihnen herum, wie eine Waffe.

Einem der Mönche schlotterten vor Angst buchstäblich die Knie, und er konnte kaum noch aufstehen. Er hatte keine Ahnung, was er tun sollte. Dann erinnerte er sich an den Zweck ihrer Reise und an die Sichtweise der Verbundenheit. Also warf er sich vor dem jungen Mann mit der Waffe nieder und betrachtete ihn als nicht getrennt von sich selbst.

An diesem Punkt hörte das Ganze einfach auf. Der junge Mann mit der Waffe war so »von den Socken«, dass er und seine Freunde den Weg freigaben und die Mönche weiterließen. Bis sie endgültig davongekommen waren, warfen sich die Mönche wahrscheinlich sehr viel schneller nieder, aber ich halte dies für eine erstaunliche Geschichte darüber, wie anders die Welt reagiert, wenn wir sie annehmen, anstatt sie abzulehnen. Wenn wir diese Haltung entwickeln und sie in die Bardos und andere schwierige Situationen mitnehmen können, tun wir uns selbst einen großen Gefallen.

Sind wir erst einmal im Bardo des Werdens angelangt, ist in den Texten zwar nicht mehr die Rede von unmittelbaren Möglichkeiten, vollständig zu erwachen, aber die Tradition sagt, dass an diesem Punkt immer noch eines passieren kann, was ganz wunderbar ist: Wir können in einem reinen Land wiedergeboren werden. Das mag wie die christliche Vorstellung vom Himmel klingen oder sogar wie eine Walt-Disney-Erfindung, aber laut Trungpa Rinpoche ist ein reines Land ein Ort, an dem Sie und alle anderen fast keine Kleshas haben und Ihr Geist sich ganz natürlich dem Erwachen zuwendet. Es gibt viele reine Länder – mehr als ich kenne –, die für Wesen unterschiedlichen Temperaments und mit unterschiedlichen karmischen Verbindungen geeignet sind. Jedes dieser Länder hat seine eigene Atmosphäre, aber jedes ist der Entwicklung von Weisheit und Mitgefühl förderlich.

Manchmal sprechen die Tibeter gerne darüber, in welchem reinen Land sie am liebsten geboren werden würden. Ich habe gehört, dass Dilgo Khyentse Rinpoche und seine Frau Khandro Lhamo sich über dieses Thema spielerisch stritten. Seine Frau sagte, sie wolle in Sukhavati, dem reinen Land des Buddha Amitabha, geboren werden. Rinpoche wollte zu Guru Rinpoches kupferfarbenem Berg und versuchte, sie davon zu überzeugen, dass sie ebenfalls dort geboren werden wollte. Sein engster Schüler war sein junger Enkel, Rabjam Rinpoche, der manchmal Zeuge dieser Debatten wurde und sich auf die Seite seiner Großmutter schlug. Auch er wollte in Sukhavati geboren werden.

Doch eines Nachts träumte Rabjam Rinpoche, dass er mit seinem Großvater in einem Flugzeug saß. Khyentse Rinpoche sagte: »Schau!«, und unter ihnen war ein wunderschöner himmlischer Ort. Er sagte: »Das ist Sukhavati. Da steigst du aus.« Der Junge fragte: »Aber wohin fliegst du?« Khyentse Rinpoche zeigte in die Ferne zu einem Ort, an dem es blitzte und donnerte, wo die Erde bebte und die Hölle los war. Er sagte: »Dorthin, zum kupferfarbenen Berg.« Daraufhin sagte sein Enkel: »Ich will dorthin, wo du hingehst. Ich gehe mit dir.«

In der Mahayana-Tradition des Buddhismus legen wir das sogenannte Bodhisattva-Gelübde ab. Das ist ein Versprechen, mit ganzem Herzen an unserem spirituellen Weg zu arbeiten, damit wir vollständig erwachen und anderen von größtmöglichem Nutzen sein können. Wenn wir die Erleuchtung erlangt haben, ziehen wir uns nicht zurück und genießen unseren erwachten Geist nur für uns selbst, sondern kehren immer wieder in die Welt zurück, um anderen zu helfen, sich vom Leiden zu befreien. Wir geloben, dies zu tun, bis das Samsara ganz leer ist. Diese scheinbar unmögliche Aufgabe nehmen wir bereitwillig, ja sogar mit Freude auf uns. Warum sollte jemand so etwas tun, fragen Sie sich vielleicht? Die Antwort darauf ist mir im Lauf der vielen Jahre, in denen ich dieses Gelübde wohl eingehalten habe, allmählich klar geworden: Wenn Mitgefühl und Liebe bedingungslos sind, ist das Einzige, was dann Sinn ergibt, alle auf dem Boot zu retten und niemanden zurückzulassen.

In diesem Zusammenhang mag es sich so anhören, als würde die Wiedergeburt in einem reinen Land gegen das Bodhisattva-Gelübde verstoßen. Doch tatsächlich liegt der Sinn, in ein reines Land zu gehen, darin, unseren spirituellen Weg zu beschleunigen, sodass wir in einem Zustand sind, der uns viel eher ermöglicht, anderen zu helfen. In einem reinen Land zu sein ist vielleicht vergleichbar mit einem Retreat. In beiden Situationen sind die Voraussetzungen und die Atmosphäre förderlich, um schnell Fortschritte in Richtung Erwachen zu machen. Man geht jedoch nicht in ein Retreat mit der Vorstellung, für immer zu bleiben. Vielmehr will man ins eigene Leben zurückkehren und das Gelernte für sich selbst und andere nutzen. Wenn Sie in ein reines Land gehen wollen, haben Sie ebenfalls eine solche Absicht.

In einem reinen Land wiedergeboren zu werden – oder eine wie auch immer geartete Wahl im Bardo des Werdens zu treffen –, erreichen wir dadurch, dass wir unsere Gedanken dorthin lenken, wohin wir gehen wollen, und nötigenfalls nach Unterstützung rufen. Das ist nicht so zu verstehen, dass jemand zu unserer Rettung herbeieilt. Vielmehr steht die Vorstellung dahinter, dass Sie um den Mut bitten, präsent zu sein, in Geist und Herz offen zu bleiben und nicht in alten Gewohnheitsmustern stecken zu bleiben. In seinem Kommentar zum *Tibetischen Totenbuch* sagt Trungpa Rinpoche, dass der Ruf nach Unterstützung im Bardo »keine Bitte an eine äußere Gottheit«[16] ist, sondern eine Methode, den Geist zu lenken und den ihm innewohnenden Wunsch nach dem Guten zu wecken. Das ist eine positive Art, die gesteigerte Kraft unseres Bewusstseins zu nutzen. Wenn wir jedoch in diesem Leben nie darauf aus waren, in einem reinen Land wiedergeboren zu werden, dann kommt es im traumhaften Bardo des Werdens wahrscheinlich auch nicht dazu. Darum streben Buddhisten vieler Traditionen täglich danach, in einem reinen Land wiedergeboren zu werden, wo sie die beste Chance haben, selbst besser darin zu werden, anderen dienlich zu sein.

Hier haben wir ein weiteres Beispiel für die Aussage »Wie wir leben, so sterben wir«. Nicht nur unsere neurotischen Neigungen begleiten uns von Leben zu Leben. Auch all die positiven Gewohnheiten, die wir weiterentwickelt haben, bleiben in unserem Geistesstrom, solange wir sie immer wieder verstärken. Und sie werden uns selbst dann unterstützen, wenn wir uns in einer Situation befinden, in der fast alles verwirrend wirkt, so wie im Bardo des Werdens.

Da wir nie wissen, wann wir sterben oder was als Nächstes passiert, ist es sehr nützlich, bewusst positive Gedankenmuster zu kultivieren, damit sie dann zum Tragen kommen, wenn wir sie am meisten brauchen. Als Mahatma Gandhi ermordet wurde, sagte er, unmittelbar nachdem der Schuss ihn getroffen hatte: »Hey Ram, Hey Ram«, eine hinduistische Anrufung Gottes. Es ist unwahrscheinlich, dass ihm diese Worte eingefallen wären, wenn er nicht vorher schon praktiziert hätte, Ram bei unvorhergesehenen belastenden Ereignissen anzurufen. In ähnlicher Weise können auch wir einüben, automatisch positive Gedanken zu haben, wenn aus heiterem Himmel etwas Schockierendes oder Enttäuschendes geschieht. Das kann jedes Ereignis sein, sei es groß oder klein – ob wir auf einer Bananenschale ausrutschen, Tinte auf das neue weiße Hemd verschütten oder die Ärztin uns mitteilt, dass wir nicht mehr lange zu leben haben.

Wenn man immer »Oh, Sch…!« sagt, wenn etwas Schockierendes passiert – so scherzte Trungpa Rinpoche –, dann könnte »Oh, Sch…!« der letzte Gedanke sein, den man in diesem Leben hat. Wenn wir mithilfe der Meditation dahin gelangen, dass wir unseren Geist genauer kennen, dann sehen wir: Jeder Gedanke hat die Macht, einen Welleneffekt zu erzeugen, der unsere gesamte Erfahrung stark beeinflussen kann. Solange wir nicht in einem klaren Geisteszustand sind und die substanzlose Natur unserer Gedanken nicht erkennen, führt jeder Gedanke zu etwas anderem: einem weiteren Gedanken, einem Gefühl, einer Handlung, noch mehr Gedanken und so weiter. Wenn wir also an das Fortbestehen des Bewusstseins nach dem Tod glauben, ist unser letzter Gedanke in diesem Leben extrem wichtig. Er hat die Macht, uns in eine bestimmte Richtung zu schicken, und seine Auswirkungen werden sich durch die Bardos weiter ausbreiten wie Wellen.

Aus diesem Grund hat Trungpa Rinpoche empfohlen, dass wir unsere gewohnheitsmäßige Schockreaktion sanft in etwas Offeneres verwandeln, wie »Wow!« oder »Oha!«. Es sei viel besser, unsere Bardo-Erfahrung mit einem Gefühl des Erstaunens zu beginnen als mit Ablehnung oder Panik. Selbst wenn Sie bereits »Sch...!« gerufen haben, können Sie immer noch fortfahren und »Wow!« sagen. Das ist hilfreich, um den Geist so zu schulen, dass er eine bessere Gewohnheit entwickelt, und beschert Ihnen gleichzeitig ein gutes Lachen.

Ich habe mir angewöhnt, in solchen Momenten »Om Mani Padme Hum« zu sagen. Dieses Mantra, bekannt als »Mani«, ruft den Bodhisattva an, der Mitgefühl verkörpert: Avalokiteshvara in der tibetischen Tradition oder Guanyin in der chinesischen. Mani-Rezitationen sind eine Möglichkeit, die eigene Situation und die Person, an die man denkt, mit Mitgefühl und Liebe zu umgeben. Manche Tibeter meißeln dieses Mantra in Steine ein oder sagen es im Lauf ihres Lebens millionenfach, um ihrem Herzen und Geist Mitgefühl einzuprägen, damit es stets verfügbar ist. Es wird für sie wie die Luft, die sie atmen. Während eines Retreats war ich einmal in der Abenddämmerung unterwegs und begegnete im Wald einem Bären. Das bewirkte definitiv, dass mein Geist aussetzte. Ich starrte den Bären an, der Bär starrte mich an, und dann rannte ich los und schrie »Om Mani Padme Hum« aus voller Kehle.

Wenn wir in diesem Leben daran arbeiten, Mitgefühl zu entwickeln, wird uns das auch im Bardo des Werdens von enormem Nutzen sein. Wir erkennen dann, dass unzählige andere im selben Boot sitzen, und verstehen, wie viel Schmerz sie durchleben. Wir sind weniger selbstbezogen und fühlen uns daher weniger bedroht.

Ein mitfühlendes Herz kann uns zudem helfen, die traumartige Qualität des Bardo des Werdens zu durchschauen. Es kann uns helfen, im Traum zu erwachen. Wenn zum Beispiel das Wasserelement als Feind aufwogt und eine Flutwelle auf Sie zukommt, könnte Ihr Mitgefühl Sie dazu bringen, sich umzusehen, ob Sie noch andere retten können – und schon sind Sie nicht mehr so stark in der Illusion gefangen, denn Sie sind nicht mehr so sehr auf sich selbst konzentriert, auf dieses scheinbar reale, unveränderliche »Ich«.

In den *Jataka*-Erzählungen, der traditionellen Sammlung von Geschichten über die früheren Leben des Buddha, gibt es eine, die die Macht eines einzigen mitfühlenden Gedankens veranschaulicht. Der künftige Buddha und ein anderer Mann litten in einer höllischen Existenz und wurden gezwungen, einen riesigen Felsbrocken einen steilen Berg hinaufzuschieben. Die Wächter peitschten sie, bis sie oben ankamen, dann rollte der Felsbrocken wieder herunter und zermalmte sie. Anschließend mussten sie von Neuem anfangen – immer wieder. Währenddessen war der künftige Buddha voller Wut über das, was ihm widerfuhr. Doch eines Tages kam ihm ein Gedanke, der die Dynamik seiner Wut unterbrach. Er erkannte, wie sehr auch sein Partner litt, und sagte dem Mann, er solle sich ausruhen, während er allein versuchte, den Felsbrocken nach oben zu schieben. Das provozierte die Wächter natürlich, die den zukünftigen Buddha noch härter schlugen; doch dieser eine mitfühlende Gedanke hatte ihn aus seiner höllischen Mentalität herausgerissen. Von da an wurde er stets in Situationen hineingeboren, in denen er immer weiter erwachen konnte.

Das Gefühl, als ein separates, besonderes Ich zu existieren, bildet die Wurzel all unserer Qualen im Leben und im Tod. Je mehr wir in diesem Leben unsere Fixierung auf dieses illusorische »Ich« loslassen können, umso freier von dieser Fixierung sind wir im Bardo des Werdens. Je mehr wir jetzt die traumartige Natur unseres Lebens erkennen, umso besser stehen unsere Chancen zu erkennen, dass der Bardo des Werdens auch nur ein Traum ist. Und wenn uns klar wird, dass wir in einem Traum sind, dann haben wir vielleicht ein Wörtchen mitzureden, wenn es darum geht, wohin er uns führt. Dann können wir die Klarheit unseres Bardo-Geistes nutzen, um eine kluge Wahl zu treffen und in ein reines Land oder eine günstige Wiedergeburt zu gehen, wo wir anderen von Nutzen sein können.

21

Herzensrat

Unterschätzen Sie niemals die Macht der Herzenswärme – im jetzigen Moment und wenn wir sterben. Vor allem zwei Arten dieser Wärme bewirken, dass wir sanfter, netter und liebevoller werden. Die eine ist die freundliche Zuwendung, die wir anderen entgegenbringen – wir denken an sie und sind nicht nur auf uns selbst bezogen. Die andere ist die Ergebenheit: die Liebe zu unseren Lehrern, zu jenen, die uns die Wahrheit gezeigt haben. Beide entspringen der Herzenswärme. Beide verleihen unserem Leben einen tiefen Sinn. Beide sorgen dafür, dass die Barrieren zwischen uns und anderen abgebaut werden.

Die Wärme der Freundlichkeit gegenüber anderen ist leicht zu verstehen und allgemein unumstritten. Wir mögen vielleicht in unseren jeweiligen Egotrips gefangen sein, aber Nähe zu anderen wünschen wir uns dennoch. Wir wollen solche Barrieren abbauen und überströmende Zärtlichkeit und Fürsorge empfinden. Wir möchten das mitfühlende Herz des Bodhichitta erwecken und zur Entfaltung bringen.

Glücklicherweise gibt es bestimmte Lehren und Praktiken, die uns dabei helfen, genau das zu tun. Eine Praxis wie Tonglen beispielsweise unterstützt die Bodhichitta-Entfaltung.[17] Seit Jahrhunderten üben diese Lehren und Praktiken eine Anziehungskraft auf gewöhnliche verwirrte Menschen wie Sie und mich aus, die Zeit und Mühe darauf verwenden, sie zu einem organischen Teil ihrer Handlungen, Worte und Gedanken zu machen. Mit ihren Taten bringen sie Fürsorge und Anteilnahme zum Ausdruck, und mit dem, was sie sagen, Aggressionslosigkeit und Offenherzigkeit. Sogar ihr Geist hat eine natürlichere Tendenz, an das Wohl anderer zu denken. Sie haben Eigenschaften aufgedeckt, die schon immer da waren und die unser Geburtsrecht sind.

Diese Beschreibung stellt natürlich das Ideal dar. Doch mit zunehmender Anteilnahme am Wohlergehen anderer Lebewesen können wir alle diese Richtung einschlagen. Erstaunlich viele Menschen üben genau so: Sie fallen häufig hin, lernen aus ihren Fehlern und gehen weiter voran, Schritt für Schritt, Zentimeter für Zentimeter, um die Herzenswärme des Bodhichitta zu entdecken.

In dem Maße, wie sich unser Herz im Leben geöffnet hat, wird es sich auch im Tod öffnen. So werden wir, wenn wir durch den Bardo des Sterbens und darüber hinaus gehen, automatisch an andere denken. Unser Herz verengt sich nicht im Bardo, sondern wird weiter. Vielleicht packt uns die Angst, und wir beginnen den Rückzug nach innen, doch dann ziehen wir uns – da wir es früher geübt haben – ganz natürlich selbst aus dem Schlamm. Wir schauen uns um, um zu sehen, wer dort bei uns ist, und fragen uns, was diejenigen gerade durchmachen.

Da ein positiver Geisteszustand beim Tod und in den Bardos so wichtig ist, ermöglicht ein solches offenes Herz für andere eine friedliche, gute Reise. Es liefert die perfekten Ursachen und Bedingungen, um an jedem Punkt des Zwischenzustands zwischen Tod und Geburt zu erwachen.

Im Gegensatz zur Herzenswärme der Freundlichkeit kann es bei der Wärme der Ergebenheit gegenüber einem Lehrer oder eine Lehrerin vielen von uns – überraschenderweise – schwerfallen, sie überhaupt in Betracht zu ziehen, und noch mehr, sie in die Tat umzusetzen. Für manche kann schon das Wort »Ergebenheit« beunruhigend sein, besonders im Zusammenhang mit spirituellen Lehrern. Das liegt daran, dass in der heutigen Zeit zu viele Lehrer ihren Schülern geschadet und ihr Vertrauen missbraucht haben. Und doch, glauben Sie mir, ist Ergebenheit gegenüber einem authentischen Lehrer, der nur auf Ihr Wohl bedacht ist, magisch. Um Dzogchen Ponlop Rinpoche zu zitieren: Sie ist »ein Schlüssel, der das Tor zu den tiefsten Erfahrungen des Geistes aufschließt«.[18]

Manchmal haben wir das Glück, Menschen zu begegnen, die scheinbar völlig im Jetzt leben, Menschen, die in tiefer Resonanz mit der Offenheit unseres Wesens stehen. Ich bin solchen Personen schon oft genug begegnet, um zu wissen, dass selbst der Gedanke an sie mich mit offenem Gewahrsein verbindet, mit der erwachten Natur, die zwar allen zugänglich ist, aber doch nur von relativ wenigen erkannt wird.

Ein solches Erkennen unserer Natur ist kostbar und wunderbar. Wie ich schon oft gehört habe: Das, wonach wir streben, haben wir schon. Letztendlich gibt es nur eine Lehrerin: die wahre Natur des Geistes. Wenn ich mit ihr in Verbindung bin, habe ich das Gefühl, mit meinem tiefsten Potenzial in Kontakt zu sein. Deshalb empfinde ich grenzenlose Dankbarkeit gegenüber all den Lehrern, die mich in die Natur des Geistes eingeführt und mich gelehrt haben, dass die Welt und ihre Lebewesen heilig sind. Wahre Ergebenheit, so scheint mir, besteht darin, mit offenem Herzen für die Dinge, so wie sie sind, empfänglich zu sein.

Als ich dem Bären im Wald begegnete und begann, »Om Mani Padme Hum« zu chanten, rief ich keine äußere Gottheit an, die mich retten sollte, sondern ich stellte eine Verbindung mit dem mitfühlenden Segen her, der diesem Bären und mir stets zur Verfügung steht. Sei es heute oder nach meinem Tod: Wenn ich meine Lehrer oder Weisheitsfiguren wie Guan Yin oder Avalokiteshvara anrufe, dann weiß ich, dass ich mich damit in Wirklichkeit für eine Quelle der Segnungen öffne, die untrennbar mit meiner eigenen grundlegenden Natur verbunden ist. Ich öffne mich für den Teil meiner Natur, der jenseits von Neigungen oder Kleshas – oder jeglicher Form der Selbstbezogenheit – liegt.

Das ist zweifellos eine tief empfundene und erhabene Erfahrung der Verbundenheit. Für mich ist es eine Erfahrung der Ergebenheit. Diese Ergebenheit ist keine blinde Verehrung oder Idealisierung einer bestimmten Person. Sie ist jedoch verknüpft mit der Erinnerung an bestimmte Lehrer und das, was sie mir gezeigt haben. Als ich bei jenem Virtual-Reality-Experiment über das Brett ging, war es Ergebenheit, die mir die Fähigkeit zu »springen« verlieh. Nach einer langen Phase des Schreckens dachte ich an Trungpa Rinpoche und hörte seine unverwechselbare hohe Stimme sagen: »Du kannst das.« Mehr brauchte es nicht, um mich mit meinem innewohnenden Mut zu verbinden.

Jetzt und im Bardo ist Herzenswärme der Schlüssel; das weiß ich. An das Wohl anderer denken und mein Herz für die Segnungen meiner Lehrer öffnen – in diese beiden wunderbaren Methoden setze ich mein Vertrauen.

22

Die sechs Daseinsbereiche

Sind wir erst einmal in den Bardo des Werdens eingetreten und nicht in ein reines Land gelangt, dann sind wir auf dem Weg zu einer weiteren Geburt im Samsara, dem allem Anschein nach endlosen Kreislauf von Geburt und Tod. Wie im Bardo der Dharmata erscheinen einladende, weiche, verführerische Lichter in verschiedenen Farben. Wenn wir nicht die Kraft und den Mut entwickelt haben, ihrer Verlockung zu entgehen, ziehen uns diese Lichter erneut in einen der Bereiche samsarischer Existenz.

Wir sind schon länger im Samsara gefangen, als wir uns erinnern – als sich überhaupt irgendjemand erinnern kann. Entsprechend dem klassischen Bild des Samsara ist ein Lebewesen darin gefangen wie eine Biene in einem Krug. Die Biene schwirrt auf und ab, fliegt von oben nach unten und wieder zurück, aber es gelingt ihr nie, hinauszugelangen und in die frische Luft zu fliegen. In ähnlicher Weise wandern wir im Samsara auf und ab – von glücklichen zu elenden Leben und wieder zurück –, bleiben jedoch in diesem Kreislauf gefangen. Und obwohl es im Samsara einige recht gute Geburten gibt, enthält dieser Zyklus doch insgesamt viel mehr Unzufriedenheit als Freude.

In den traditionellen Lehren wird das Samsara in sechs Daseinsbereiche unterteilt. Gewöhnlich werden sie in der Reihenfolge vom leidvollsten bis zum angenehmsten Bereich aufgeführt: der Höllenbereich, der Bereich der Hungergeister, der Tierbereich, der Menschenbereich, der Bereich der eifersüchtigen Götter, auch Halbgötter genannt, und der Götterbereich. Es handelt sich dabei um sechs Lebenserfahrungskategorien in dem Krug. Der Buddha erklärte jedoch schon in seinen allerersten Unterweisungen, dass es einen Weg aus dem Samsara gibt.

Letztendlich können und werden wir alle aus diesen Bereichen befreit werden und die freie Luft des Erwachens genießen. Wie Dzigar Kongtrul Rinpoche einmal gesagt hat: »Früher oder später garantiert.«[19]

Die traditionellen Lehren sprechen über diese Bereiche, als wären es echte Orte, so real wie die vertraute Umgebung, in der wir uns gerade befinden. Trungpa Rinpoche stellte die Daseinsbereiche jedoch als psychische Zustände dar. Ihm war klar, dass viele Menschen im Westen jegliche Äußerungen über das Leben nach dem Tod als abschreckend empfänden, besonders wenn ihnen verschiedene Arten der Hölle angedroht worden waren, als sie heranwuchsen. Ich selbst war nicht besonders offen dafür, die Daseinsbereiche zu betrachten, bis ich Trungpa Rinpoches Lehren dazu hörte. Anstatt sie als tatsächliche physische Orte zu präsentieren, die wir auf einer Art kosmischen Karte finden können, stellte er sie als Projektionen unserer eigenen emotionalen Reaktionen dar. Der Ausdruck, mit dem er sie beschrieb, war »Arten des Gefangenseins«.

Wenn eine starke Emotion Sie im Griff hat, so der Gedanke dahinter, dann werden Sie und Ihre Welt von diesem Klesha gesteuert. Es bestimmt Ihren Gemütszustand und wie die Umgebung insgesamt auf Sie wirkt. Sie fühlen sich in einem ganzen von dem Klesha geschaffenen Daseinsbereich gefangen. Das erleben wir Tag für Tag. Immer wieder finden wir uns in einem gewohnten Zustand, einem »Ort« leidvoller Gefühle wieder. Wir wissen nicht, wie wir dort hingeraten sind, und auch nicht, wie wir wieder hinausgelangen. Aber wir empfinden ihn als sehr vertraut.

Die Hölle ist der Bereich des Zorns, der Aggression. Die traditionellen Lehren beschreiben viele Höllenarten, aber die meisten gehören in zwei Kategorien: heiß und kalt. In den heißen Höllen ist die Grundvorstellung die, dass alles in Flammen steht und man dem Feuer nicht entkommen kann. In den kalten Höllen ist alles aus Eis. Man ist nackt, friert, und die Haut reißt so auf, dass verschiedenste grausige Risse entstehen. Egal in welcher Version der Hölle man sich befindet, eins der Hauptmerkmale ist, dass sie scheinbar ewig andauert.

Manche Menschen empfinden einen wütenden Geist wie Feuer, andere eher wie Eis. In jedem Fall fühlt man sich in seiner Intensität gefangen. Wenn die Wut uns im Griff hat, scheint der einzige Ausweg darin zu liegen, sie auszuagieren. Doch die Aggression bringt keine Erleichterung, sondern verlängert und verstärkt nur die Qual, macht die Hitze noch heißer oder die Kälte noch kälter. Man fühlt sich klaustrophobisch eingeengt und ist verzweifelt. Deshalb kann die Qual der Wut eine gefühlte Ewigkeit dauern und fühlt sich an wie eine Falle, aus der es kein Entkommen gibt. Angeblich sind in den Höllen auch mitfühlende Wesen, die Ihnen helfen wollen. In den heißen Höllen bieten sie Wasser an, in den kalten Feuer zum Wärmen. Doch Sie sind so überzeugt davon, dass alle gegen Sie sind, dass Sie ihre Hilfe ablehnen.

Es ist leicht zu erkennen, dass dies auch für die relativ komfortable Welt der Menschen gilt. Mein lieber Freund Jarvis Masters hat mehr Jahre im Gefängnis verbracht als außerhalb. In dieser Zeit hat er viele Menschen in der Hölle erlebt. Im Gefängnis ist das Leid aufgrund von Aggression und Verzweiflung immens. Er versucht, seinen Brüdern nicht nur freundschaftlich zur Seite zu stehen, sondern sie auch davon zu überzeugen, dass sie ihren Schmerz nicht durch Angriffe auf andere Häftlinge oder auf die Wärter verstärken. Er versucht, ihnen zu zeigen, dass der Verzicht auf Vergeltung zu besseren Ergebnissen führt und ihr Leid verringert. Einige hören ihm tatsächlich zu und halten das, was er sagt, für sinnvoll, aber nur sehr wenige können ihre alte Gewohnheit durchbrechen, auf Rache aus zu sein. Nur sehr wenigen gelingt es, solche Gedanken nicht regelmäßig zu haben und nicht entsprechend zu handeln.

Die Wesen im Daseinsbereich der Hungergeister werden grotesk dargestellt. Manche haben einen riesigen leeren Bauch, aber ihr Mund ist nur punktgroß und ihre Kehle so dünn wie ein Haar. Sie sind immer hungrig und können niemals auch nur annähernd genug Nahrung zu sich nehmen, um satt zu werden. Traditionell wird dieses Gefühl mit Gier in Verbindung gebracht, aber Trungpa Rinpoche nannte es »Armutsmentalität«. Es ist ein Gefühl der Bedürftigkeit, die nie gestillt werden kann. Niemand liebt einen jemals genug, es gibt nie genug von etwas, was auch immer es sei; man wird stets übersehen, hat ständig das Gefühl zu hungern. Alles, was geschieht, vermittelt einem das Gefühl, unzulänglich zu sein, eine Niete.

Der Daseinsbereich der Tiere ist mit dem Klesha der Unwissenheit verbunden. Das Wort »Unwissenheit« kann jedoch irreführend sein, man könnte es mit Dummheit verwechseln. Tiere sind auf ihre Art sehr intelligent. Ich denke oft daran zurück, dass ich einmal eine Woche lang versuchte, ein Eichhörnchen zu überlisten, das alle Körner in meinem Vogelhäuschen fraß. Ich probierte alles nur Erdenkliche aus, hängte das Futterhäuschen an Stellen auf, von denen ich annahm, dass das Eichhörnchen sie nicht erreichen würde. Aber es hat mich immer ausgetrickst.

Obwohl Tiere in ihrer eigenen Lebenssphäre hochintelligent sind, haben sie in der Regel keinen flexiblen Verstand. Das Eichhörnchen mag zwar ein Genie sein, wenn es darum geht, Samenkörner zu stehlen, aber es hätte keine Ahnung, wie es in einer ungewohnten Umgebung überleben soll. Wenn es unvorhersehbar wird, wenn die Routine unterbrochen wird, dann sind die Wesen im Daseinsbereich der Tiere verwirrt und hilflos.

»Bereich der Tiere« bedeutet nicht unbedingt, dass man ein Tier ist. Vielmehr hat es mit einer bestimmten Mentalität zu tun, die zahlreiche Menschen nur zu gut kennen. Statt »Unwissenheit« bezeichne ich es lieber als »ignorieren«. Außerhalb des Bereichs, in dem man gut funktioniert, ist man ängstlich und hat Herausforderungen gar nicht gern. Doch anstatt in eine Emotion wie Wut zu verfallen, geht man mit seiner Angst so um, dass man sie ignoriert, und tut so, als wäre sie nicht vorhanden. Man blendet die Situation aus, indem man im Internet surft, Solitär spielt oder etwas Stumpfsinniges tut. Die Aussage, die diese Mentalität auf den Punkt bringt, lautet: »Ich versuche irgendwie zurechtzukommen.« Nur innerhalb Ihres Kompetenzbereichs wollen Sie agieren, darüber hinaus wollen Sie nicht behelligt werden. Es ist eine Art Status-quo-Mentalität.

Der Höllenbereich, der Bereich der hungrigen Geister und der der Tiere werden die »unteren Daseinsbereiche« genannt, weil das Leiden dort am intensivsten ist. In den Beschreibungen des Höllen- und Hungergeistbereichs wird das deutlich, aber vielleicht weniger bei vielen Tieren, die wir beobachten. Liebgewonnene Haustiere zum Beispiel führen allem Anschein nach ein angenehmes, komfortables Leben. Im Allgemeinen verbringen Tiere jedoch einen Großteil ihrer Zeit damit, sich zu fürchten. Sie wissen nicht genau, welche Bedrohungen auf sie lauern oder wer sie als Mahlzeit im Visier hat, und so leben sie in einem Zustand ständiger Angst. Das können wir bei jeder Tierart beobachten, bei Land-, Luft- und Wassertieren. Die niedlichen kleinen Meisen, die Ihnen aus der Hand fressen, nehmen das Futter nicht einfach so an. Sie blicken sich nervös um, weil sie sichergehen wollen, dass es niemand auf sie abgesehen hat.

Der Daseinsbereich der Menschen ist günstiger als die unteren Bereiche, weil das Leiden nicht unablässig stattfindet – Leidvolles und Angenehmes wechseln sich ab. Im Reich der Hungergeister wollen wir immerzu, wir wollen und wollen, bekommen aber nie etwas. In der menschlichen Welt wollen wir zwar die meiste Zeit auch, aber manchmal erhalten wir es tatsächlich. Wir haben gerade so oft Erfolg, dass bei uns der Eindruck entsteht, wir könnten einen Weg finden, das, was wir wollen, *immer* zu erhalten. Daraus ergibt sich die vorherrschende Mentalität des Daseinsbereichs der Menschen: Wir hoffen, dass wir nur Angenehmes und keinen Schmerz erleben. Der ständige naive Wunsch, dass wir den Wechsel zwischen beidem irgendwie aufhalten könnten, verlässt uns nie.

Wir versuchen immerfort, mit Menschen zusammen zu sein, die wir mögen, und diejenigen zu meiden, die wir nicht mögen; wollen in einer bequemen, angenehmen Situation sein und unbequemen, unangenehmen Situationen aus dem Weg gehen. Wir versuchen, das Angenehme, das wir haben, zu bewahren und jeden Schmerz fernzuhalten. Der Gedanke, der uns ständig durch den Kopf geht, ist: »Wenn ich nur _____ hätte [bitte vervollständigen], dann wäre ich glücklich.« Das wichtigste Klesha, das wir erleben, ist die Gier, das Verlangen. Das Hauptleiden in diesem Bereich besteht darin, dass wir Angenehmes und Schmerz im Wechsel nicht akzeptieren können. Stattdessen versuchen wir wie besessen, Bequemlichkeit zu erreichen oder zu bewahren.

Im Bereich der eifersüchtigen Götter verschiebt sich das Gleichgewicht, weg vom Schmerz und stärker in Richtung Angenehmes. Eifersüchtige Götter haben Erfolg und gute Lebensbedingungen erreicht. Es scheint, als hätten sie keinen Grund zu klagen. Doch sie leiden unter einer tiefsitzenden Unsicherheit. In diesem Daseinsbereich sagt man sich zwar ständig, »Ich bin der Beste«, aber tief im Inneren spürt man, dass man es nicht wirklich ist. Deshalb blickt man sich fortwährend um und vergleicht sich mit anderen; will zur Elite gehören, zu den Schönen und Mächtigen. Aber selbst wenn wir es in diese Gruppe schaffen, sind wir nicht zufrieden. Wir wollen die Elite der Elite sein. Das hört nie auf. Stets müssen wir beweisen, dass wir besser sind als alle anderen. Mit einer solchen Einstellung entwickeln wir einen dicken Panzer, der sich um unser Herz legt und Verbundenheit mit anderen verhindert.

Ebenso wie die Hungergeister wollen auch die eifersüchtigen Götter immer mehr. Der Hauptunterschied besteht darin, dass sie schon so viel haben. Anstatt jedoch ihr Glück zu genießen, verharren sie in Konkurrenzdenken, Rivalität, dem Bemühen, andere zu überbieten, und Paranoia. Ein Beispiel in unserer Welt wäre der Leiter eines Unternehmens oder das Oberhaupt eines mächtigen Landes. Manche dieser Leute befinden sich oft in einem paranoiden Zustand und sind ständig auf der Hut vor anderen Unternehmen oder Nationen, die an Macht oder Status gewinnen könnten. Sie verwenden einen Großteil ihrer Energie darauf, dafür zu sorgen, dass niemand anders die Oberhand gewinnt.

Über den eifersüchtigen Göttern stehen jene Gottheiten, die reinen, ununterbrochenen Genuss erleben. Sie haben Luxus, Komfort, Gesundheit, Reichtum, Unterhaltung und alles andere, was man sich wünschen oder brauchen könnte. Sie denken nicht nur: »Ich bin der Beste«, sondern sie *wissen*, dass sie die Besten sind. Hier ist das Hauptklesha der Stolz.

In der Highschool machte ich einige Erfahrungen mit dem Bereich der Götter. Ich ging in ein Mädcheninternat, in dem die

Mehrheit der Schülerinnen sehr wohlhabend war. Manchmal besuchte ich sie in den Schulferien zu Hause und lernte ihre Familie kennen. Sie waren sich ihrer Stellung und ihres Denkens so sicher, dass ihnen nie in den Sinn kam, es könne auch andere gute Lebensweisen geben. Sie hatten nicht den geringsten Zweifel daran, dass ihr Geschmack der richtige war. Ihre soziale Einstellung war ebenfalls in Ordnung: Sie spendeten für wohltätige Zwecke, taten etwas, um Menschen zu helfen, und blickten auf niemanden herab. Aber gleichzeitig war es für sie selbstverständlich, dass ihr Weg der beste war – im Grunde der einzige Weg. Ich liebte diese Schule und habe immer noch Freundinnen aus dieser Zeit, die mir am Herzen liegen – intelligente Frauen, die wirklich etwas Gutes aus ihrem Leben gemacht haben. Rückblickend erkenne ich jedoch die Grenzen der Mentalität des Götterbereichs.

In den traditionellen Darstellungen leben die Götter ein extrem langes Leben ohne jegliches Leiden – so lange, dass es nicht so wirkt, als könnte es jemals enden. Sie halten es für selbstverständlich, dass sie für immer in diesem perfekten Zustand bleiben werden. Wie wir jedoch wissen, geht alles einmal zu Ende. Irgendwann zeigen sich bei den Göttern Zeichen des Verfalls. Zum ersten Mal dämmert ihnen, dass ihr Leben als Gott endlich ist. Der Schmerz der Erkenntnis, dass sie nun in einen niedrigeren Bereich gehen, ist angeblich so groß, dass er den Leiden der Höllen gleichkommt.

Trungpa Rinpoche sprach oft darüber, wie leicht man mit der eigenen spirituellen Praxis in eine Götterwelt-Mentalität geraten kann. Wir können einen Zustand der Glückseligkeit anstreben – und sogar erreichen –, in dem alles und alle schön sind und alles so ist, wie es sein sollte. Doch das ist nur eine vorübergehende Erfahrung, die von der Realität abgekoppelt ist. Wir verlieren den Bezug dazu, dass sehr viele Menschen leiden.

Das Leben in einem solch verwundbaren Zustand erscheint uns als nicht real, sodass andere Menschen, die diese Verwundbarkeit erleben, sich außerhalb unseres Bezugsrahmens befinden. So kann die Praxis zu einem Weg des Nicht-Wahrnehmens werden statt zu einem Weg des Erwachens.

Jede Mentalität, die den jeweiligen Daseinsbereichen entspricht, ist ein vorübergehender Geisteszustand. Wir mögen vielleicht in einen oder zwei psychische Zustände häufiger verfallen als in andere, aber wir sind nicht dazu verdammt, darin gefangen zu sein. Wie stark auch immer Sie beispielsweise zu eifersüchtigen Göttern tendieren, diese Emotionen und geistigen Gewohnheiten sind nicht so festgefügt und unveränderlich, wie sie sich gewöhnlich anfühlen.

Das, was uns in der Erfahrung eines Bereichs gefangen hält – ob höllisch oder göttlich oder irgendwo dazwischen –, ist im Wesentlichen mangelndes Bewusstsein. Darum besteht der erste Schritt, um aus einem Daseinsbereich hinauszugelangen, darin, uns bewusst zu machen, dass wir uns in einem Bereich befinden. Wenn Sie zum Beispiel in einer höllischen Gemütsverfassung sind und denken, alles und alle seien gegen Sie, dann liegt das an Ihrer unbewussten Grundeinstellung. Schuld sind diejenigen, die Ihnen das falsche Essen bringen, oder diejenigen, die die Fenster öffnen, obwohl sie geschlossen sein sollten, oder diejenigen, die Ihnen das wegnehmen, was Ihnen gehört. Immer sind es die anderen, die äußeren Umstände – fast so, als bliebe Ihnen keine andere Wahl, als wütend zu sein.

Sobald Sie jedoch Bewusstheit entwickelt haben, sind Sie schon auf dem Weg aus diesem Bereich heraus. Vielleicht wirkt es nicht sofort so: Anfangs wird Ihr Bewusstsein die Emotionen oft noch verstärken. Aber wenn Sie zunehmend darauf achten, wie sich die Wut (oder die Armutsmentalität oder das Ignorieren) wirklich anfühlt, dann finden Sie innere Ressourcen. Alle

Möglichkeiten der Arbeit mit den Kleshas, die wir angesprochen haben – bewusstes Nichtreagieren, sie transformieren und sie als Weg nutzen –, können dienlich sein, um uns aus dem psychischen Zustand herauszuholen, in dem wir uns gefangen fühlen. Sie können uns helfen zu erkennen, dass jenseits unseres emotionalen Aufruhrs und unserer Storyline Raum vorhanden ist. Zunächst sehen wir dies nur in den Pausen, Lücken und Zwischenräumen. Aber mit der Zeit, wenn wir weiter praktizieren, erweitert sich unsere Erfahrung dieser Weiträumigkeit. Herz und Geist der Praktizierenden werden kontinuierlich weiter.

Wenn wir besser in der Lage sind, uns aus unseren Daseinsbereichen herauszubewegen, empfinden wir diese Arten des Gefangenseins mit der Zeit als schwächer ausgeprägt, weniger festgefügt. Oft identifizieren wir uns mit unserem dominanten Klesha: »Ich bin ein wütender Mensch«, »Ich bin ein eifersüchtiger Mensch« und so weiter. Dasselbe tun wir mit anderen: »Er ist gierig«, »Sie ist arrogant.« Aber niemand *ist* nur auf eine Art und Weise. Unsere Situation ist sehr viel mehr im Fluss.

Wenn wir unsere emotionalen Erfahrungen als vorübergehende Zustände betrachten, verstehen wir besser, dass sie nicht unsere wahre Identität sind. Stattdessen werden sie zum Beweis dafür, dass wir keine festgefügte wahre Identität haben. Unsere wahre Natur liegt jenseits aller Daseinsbereiche. Wenn wir das vollständig erkennen, löst sich der Deckel vom Krug, und die Biene ist befreit.

23

Unsere nächste Geburt wählen

Sind die sechs Bereiche des Samsara echte Orte oder psychische Zustände? Diese Frage führt sofort zu einer interessanten Überlegung. Gibt es wirklich einen Unterschied zwischen einem psychischen Zustand und einem Ort? Gibt es zum Beispiel einen aussagekräftigen Unterschied zwischen dem Gedanken und dem Gefühl, in der Hölle zu sein, und dem »tatsächlichen« Aufenthalt in der Hölle? Ist das eine besser als das andere, oder sind beide gleich schrecklich?

Angenommen, zwei Personen sitzen in einem Raum beisammen. Das, was sie sehen, hören und riechen, ist scheinbar dasselbe. Die eine hat jedoch Angst vor etwas, was am nächsten Tag passieren könnte, während die andere sich immer wieder an etwas Gutes erinnert, das sich am Morgen ereignet hat. Die eine hat einen scharfen Geruchssinn, die andere dagegen eine verstopfte Nase.

Die eine denkt, dass die Welt gegen sie ist, was sich mit jeder Erfahrung zu bestätigen scheint; die andere denkt, dass alles stetig besser wird, was sich ebenfalls mit jeder Erfahrung zu bestätigen scheint. Je mehr wir uns mit dieser Situation befassen, desto mehr erkennen wir, dass diese beiden Menschen, die im selben Raum sitzen, ganz unterschiedliche Erfahrungen machen.

Das vermittelt uns eine Vorstellung davon, in welchem Maße unsere »Realität« eine Projektion unseres Geistes ist. Obwohl die äußere Welt eine objektive Wirklichkeit zu sein scheint, in Bezug auf die sich alle einig sind, lebt jedes Individuum offenbar einen jeweils eigenen persönlichen Traum. Tatsächlich könnten wir uns fragen: »Inwiefern unterscheidet sich meine jetzige Erfahrung von einem Traum?« Oder noch deutlicher: »Woher weiß ich, dass ich gerade nicht träume?«

Es heißt auch, der Bardo des Werdens sei wie ein Traum. Wenn wir von diesem Bardo zu unserer nächsten Geburt in einem der Daseinsbereiche gelangen, gehen wir dann gewissermaßen einfach von einem Traum in einen anderen über? Ist der gesamte Zyklus von Leben und Tod nur wie ein endloser Traum? Das sind provokante Fragen, über die es sich nachzudenken lohnt.

Um diese Vorstellung direkter zu erkunden, mache ich gern die folgende Übung. Wählen Sie etwas aus, was Sie regelmäßig im Alltag tun; es können auch mehrere Dinge sein: Zähneputzen oder Spülen oder eine bestimmte Straße entlangfahren. Oder etwas, was Sie regelmäßig sehen oder hören: ein bestimmtes Schild, Ihre Wohnungstür, das Klingeln Ihres Telefons. Dann halten Sie jedes Mal, wenn Sie diese Sache tun oder sehen, inne und sagen: »Das ist ein Wachtraum.« Es ist eine winzige Kontemplation – nur ein kleines Antippen. Lassen Sie es eine Sekunde auf sich wirken und machen Sie dann mit dem weiter, was Sie gerade getan haben.

Sie können es ganz unterschiedlich sagen: »Das ist wie ein Traum« oder »Ist das ein Traum?«. Wenn Sie diese Übung in den betreffenden Alltagssituationen jedes Mal durchführen, gewöhnen Sie sich allmählich daran zu hinterfragen, dass Ihre Erfahrung etwas Festgefügtes ist. Ich habe gemerkt, dass die Grenzen zwischen Wachen und Träumen verschwimmen, wenn ich diese Übung häufig durchführe. Irgendwann kann die Praxis sogar Ihre Träume beeinflussen, sodass Sie hin und wieder im Traum aufwachen und Ihnen bewusst wird, dass alles, was Sie wahrnehmen, nicht real ist. Sie wissen, dass Sie träumen und Ihre Wahrnehmungen eine Projektion des Geistes sind. Im Idealfall überträgt sich das auf den Bardo des Werdens – dort wird eine solche Perspektive inmitten von so viel Geschwindigkeit und Chaos sehr hilfreich sein. Je mehr ich diese Praktiken und Betrachtungen durchführe, umso unsicherer bin ich in Bezug auf die Unterscheidung zwischen Traum und Wirklichkeit, zwischen psychischen Zuständen und tatsächlichen Orten. Andererseits fühlen sich all unsere Erfahrungen, unabhängig von den Worten, die wir verwenden, völlig real an und sind uns wichtig. Das ist unsere Wirklichkeit, der Bereich, in dem wir leben. Alle Lebewesen machen diese Erfahrung, aber nur sehr wenige haben Zugang zu Lehren, die ihnen helfen können, aus dem Traum zu erwachen, aus ihrer speziellen Gefangenschaft – kein Tier zum Beispiel. Wir Menschen hingegen haben diese Möglichkeit. Was auch immer entsprechend unserer Vorstellung in der Zukunft und nach unserem Tod passieren wird, wenn wir uns diese Lehren jetzt zunutze machen, tun wir uns und vielen anderen einen großen Gefallen. Nach der Tradition ist der Bardo des Werdens jener Zwischenzustand, in dem wir unsere nächste Wiedergeburt wählen. Aber hier verwende ich das Wort »wählen« vorsichtig. Wenn Sie träumen, haben Sie dann wirklich die Wahl, wohin Sie gehen und wo Sie sich wiederfinden? Im Allgemeinen geschehen die Dinge in Träumen einfach, und wir reagieren nach unseren gewohnten Mustern. Es gibt aber auch Momente, in denen wir nicht von der Geschichte unseres Traums mitgerissen werden und plötzlich merken, dass wir tatsächlich eine Wahl haben – zu Bewusstsein zu kommen oder aber weiterzuschlafen.

Im traumähnlichen Bardo des Werdens ist überdies die Anziehungskraft des Karmas angeblich so stark, dass es sich im Allgemeinen anfühlt, als hätten wir keine Wahlmöglichkeiten. Die meisten Lebewesen werden einfach in Richtung ihrer nächsten Wiedergeburt mitgerissen, je nach ihren Neigungen. Den Lehren zufolge werden wir von gedämpften Lichtern angezogen, die uns zur Wiedergeburt in einem der sechs Daseinsbereiche ziehen: zu dem, der die natürlichste Fortsetzung der Mentalität und der Neigungen unseres früheren Lebens ist, welcher auch immer das sein mag. Doch mit etwas Vorwissen über den Bardo des Werdens erkennen wir vielleicht manchmal, was vor sich geht, und können eine Wahl treffen. Vielleicht erinnern wir uns dann daran, dass die gedämpften, beruhigenden Lichter, die so einladend wirken, uns wahrscheinlich in die niederen Bereiche führen und schaffen es, uns nicht weiter in diese Richtung zu bewegen.

Trungpa Rinpoche zufolge können wir uns auf die Bardos vorbereiten, indem wir uns die Zeiten im Leben, in denen wir an der »Schwelle der Magie« stehen, zunutze machen. Das sind jene Momente, in denen wir die Wahl haben, entweder das Unvertraute willkommen zu heißen oder uns dem Vertrauten zuzuwenden, anders ausgedrückt: die Wahl, uns für das Unbekannte zu öffnen oder uns zu verschließen und wieder in bekanntes Verhalten zu verfallen.

Im Moment tendieren wir wegen unserer Ausrichtung auf Bequemlichkeit dazu, uns für das gewohnte Verhalten zu entscheiden, selbst wenn wir uns ziemlich sicher sind, dass es schlechte Folgen hat. Aber jedes Mal die schlechte Wahl zu treffen ist sicherlich nicht unsere Bestimmung. Die ganze Schachtel Pralinen zu essen oder die Flasche Wein ganz auszutrinken mag zwar anfangs tröstlich sein, aber aus Erfahrung wissen Sie, dass Sie sich nach der »Instant-Befriedigung« geistig und körperlich krank fühlen werden. Wenn Sie mit Ihrem wiederholten Verhalten weitermachen, in das Sie so leicht verfallen, ist ein leidvolles Ergebnis garantiert. Wenn Sie hingegen den verführerischen Sog der Gewohnheit durch Sie hindurchströmen lassen – so schwierig es auch sein mag –, wird bei dem, was Sie stattdessen tun, stets etwas Besseres herauskommen.

Im Bardo des Werdens scheinen die gedämpften Lichter allmählich auf, nachdem wir einige Zeit umhergestreift und von unserem Karma hierhin und dorthin geweht worden sind. An diesem Punkt sehnt sich das Bardo-Wesen, erschöpft und verzweifelt auf der Suche nach einer Form von Stabilität, nach einem physischen Körper. Wir haben uns so lange außerhalb unserer Komfortzone aufgehalten, dass es schwerfällt, etwas zu widerstehen, das allem Anschein nach Vertrautheit und festen Boden repräsentiert.

Trungpa Rinpoche hat diesen Geisteszustand mit dem eines Menschen verglichen, der lange auf der Straße gelebt hat und sich verzweifelt nach einer Wohnung sehnt, um eine feste Bleibe zu haben.

Wenn wir nicht den Wunsch haben, in einem reinen Land geboren zu werden, und unsere Gedanken in diesem Bardo nicht dorthin lenken, dann werden wir jetzt eine weitere Geburt im Samsara erleben. Doch es ist noch nicht zu spät zu verhindern, dass wir aufs Geratewohl von der Kraft unserer unbewussten Gewohnheiten mitgerissen werden und in den niederen Bereichen enden. Auch hier gilt es zu wissen, wohin wir unsere Gedanken lenken sollen. Die Frage ist also: Wenn wir einen Bereich des Samsara wählen können, in dem wir geboren werden, für welchen sollten wir uns dann entscheiden?

Ich für meinen Teil möchte nicht im Daseinsbereich der Götter geboren werden – auch wenn wir Menschen im Allgemeinen davon träumen, das ununterbrochene Angenehme, das diesen

Bereich kennzeichnet, zu erleben. Zwar enthält der Götterbereich – sei es der Ort oder der psychische Zustand – offenbar alle guten Dinge des Lebens und nichts Schlechtes. Wenn es jedoch unser Ziel ist, ganz aus dem Samsara hinauszugelangen, dann ist eine Ebene mit solch hohen Privilegien nicht hilfreich. Das allumfassend Angenehme des Götterdaseins sorgt dafür, dass Sie die Schwierigkeiten, die andere Menschen und Tiere durchleben, nicht wahrnehmen. Man nennt das manchmal den Luxus des Vergessens oder der Ahnungslosigkeit. In einem solchen Zustand ist es schwierig, viel Mitgefühl zu empfinden oder dazu motiviert zu sein, etwas zu verändern. Darum ist der Bereich der Götter eher ein Ort der spirituellen Stagnation.

Der Daseinsbereich der eifersüchtigen Götter ist weniger angenehm als der Götterbereich und sicherlich nicht besser, weil auch die eifersüchtigen Götter nicht selbstreflexiv sind. Und nur fortgeschrittene Bodhisattvas würden sich dafür entscheiden, in den niederen Bereichen geboren zu werden, wo das Leiden intensiv ist und so nahtlos ineinander übergeht, dass es offenbar keine Unterbrechungen gibt. Lebewesen in diesen Zuständen werden so sehr von ihrem Schmerz, ihrem Unbehagen und ihrer Angst aufgezehrt, dass ihnen keine Kapazitäten mehr bleiben, um die tieferen Ursachen ihres Leidens zu betrachten und etwas zu unternehmen, um einen Ausweg aus dem ganzen System zu finden. Ihre gesamte Aufmerksamkeit ist auf den leidvollen gegenwärtigen Moment gerichtet.

Wenn ich so über die Vor- und Nachteile der einzelnen Daseinsbereiche nachdenke, erkenne ich, dass der ideale Bereich für eine Geburt der ist, in dem ich mich gerade befinde. Es ist unser kostbares menschliches Leben mit all seinen Höhen und Tiefen, Hoffnungen und Enttäuschungen, Momenten der Klarheit und der Verwirrung. Natürlich ist nicht jedes menschliche Leben so. Manche leben nach Art der Götter in Vergessen und

Ahnungslosigkeit, andere in eifersüchtigem Konkurrenzdenken der Halbgötter, und noch viel mehr Menschen sind zu viel Leid ausgesetzt, um überhaupt geistigen Raum für einen spirituellen Weg zu haben. Unzählige Menschen leben an Orten oder in Situationen so voller Schwierigkeiten, dass sie sich den Luxus nicht leisten können, ihre Aufmerksamkeit von der äußeren Welt abzuwenden und sich auf die innere Transformation zu konzentrieren.

Als Leserin oder Leser dieses Buches gehören Sie wahrscheinlich zu keiner dieser Gruppen. Ihr Leben umfasst genug Leid, um Sie zu einer Suche nach Antworten anzuspornen, und genug Annehmlichkeit, um Ihnen etwas Erleichterung zu verschaffen. In Bezug auf das spirituelle Wachstum funktioniert die menschliche Welt gut für Sie: Der Wechsel von Glück und Leid bildet das perfekte Gleichgewicht, um Ihnen einen fruchtbaren Boden für das Erwachen zu bieten. Wenn Sie also im Samsara wiedergeboren werden müssen, ist ein Leben, das Ihrem jetzigen ähnelt, ein gutes Ziel. Denn tatsächlich stehen die Chancen sehr gut, dass Ihr nächstes Leben besser sein wird als dieses. Alles, was von Leben zu Leben geht, sind Ihre Neigungen, darum gehen die positiven Gewohnheiten, die Sie jetzt kultivieren, in Ihre nächste Existenz über und kommen dem brandneuen »Wesen« zugute.

Wenn es unser Ziel ist, zu unserem vollen Potenzial zu erwachen – sodass wir uns selbst und anderen helfen können, frei von Verwirrung zu werden, und die Erfahrung machen können, dass unser Herz weit offen und unser Geist strahlend und himmelsgleich ist –, dann ist der ideale Ort dafür genau hier im guten alten Daseinsbereich der Menschen.

Ein großer Vorteil dieses Daseinsbereichs liegt darin, dass er uns einen Blick auf alle anderen Bereiche – und auf das Samsara als Ganzes – ermöglicht. Dank unserer vielfältigen Erfahrungen mit Leidvollem und Angenehmem und durch unser

Vorstellungsvermögen können wir besser nachfühlen, was andere durchmachen. Wenn wir glücklich sind, wissen wir, wie Glücklichsein sich anfühlt, und können uns über die Freude und das Glück anderer freuen. Und wenn wir die unvermeidlichen Wechselfälle im Daseinsbereich der Menschen erleben und wieder eine Zeit der Bedrängnis kommt, kann unser Unbehagen zu einem wertvollen Hilfsmittel werden, um daran zu wachsen.

Unser eigener Schmerz kann zu einem Fenster zum Schmerz anderer werden und uns so helfen, Empathie zu entwickeln. Unsere eigene Verwirrung kann unser Herz für die Verwirrung anderer öffnen. Unsere Angst kann unsere Anteilnahme für andere, die Angst haben, verstärken. Wir merken allmählich, wie jeder Mensch auf die eine oder andere Weise zu kämpfen hat. Vielleicht ist es ein tierähnlicher Kampf, vielleicht ein Kampf nach Art der eifersüchtigen Götter, aber welcher Art auch immer er ist, er ist schwierig, und wir verstehen, wie schwer es ist, sich daraus zu befreien. So gesehen, ist es durchaus sinnvoll, den Bereich der Menschen wertzuschätzen und anzustreben, im nächsten Leben dort wiedergeboren zu werden. Noch sinnvoller ist es anzustreben, dass man in eine Situation hineingeboren wird, in der man ganz selbstverständlich mit spirituellen Lehren in Kontakt kommt und möglichst viel zum Wohl anderer beitragen kann. Im *Tibetischen Totenbuch* gibt es einen Wunsch, der so lautet: »Wo immer ich geboren werde, möge das Land gesegnet sein, sodass alle lebenden Wesen glücklich sein können.«[20]

Wenn wir uns immer wieder wünschen, mit einem kostbaren menschlichen Leben geboren zu werden, würdigen wir dadurch das reiche, turbulente Leben, das wir jetzt haben. Wir erkennen an, dass unser menschliches Leben zwar nicht immer leicht ist, uns aber dennoch genau das gibt, was wir für unser spirituelles Wachstum brauchen. Dieses Wertschätzen wird uns dabei helfen, dass wir am Ende des Bardos des Werdens dem menschlichen Bereich zustreben.

Bei der Vorbereitung auf das unvermeidliche Ende des Lebens können wir vier Hauptwünsche in uns hervorbringen, die wir uns als Plan A bis D vorstellen können. Plan A ist der, im Moment des Todes Erleuchtung zu erlangen, indem das klare Licht des Kindes mit dem klaren Licht der Mutter verschmilzt (siehe Kapitel 5 bis 7). Plan B besteht darin, im Bardo der Dharmata zu erwachen, indem wir mit den strahlenden Lichtern oder mit der Gottheit verschmelzen (siehe Kapitel 17). Plan C ist der, dass wir in einem reinen Land wiedergeboren werden, wo wir schnelle Fortschritte auf dem Weg machen können (siehe Kapitel 20). Plan D schließlich ist die Wiedergeburt als Mensch in Umständen, die dem spirituellen Fortschritt besonders förderlich sind.

Ich meine, wenn wir erreichen, dass sich einer dieser Wünsche erfüllt, dann können wir sagen, dass wir unser Leben gut verbracht haben. Andererseits ist das Potenzial für ein vollständiges Erwachen nicht etwa eine Aussicht, die in weiter Ferne liegt, sondern etwas, was Menschen wie Sie und ich in naher Zukunft erreichen können. Über dieses Thema habe ich einmal mit Seiner Heiligkeit dem 17. Karmapa, Ogyen Trinley Dorje, gesprochen, einem tiefsinnigen Lehrer, der mir sehr am Herzen liegt. Ich fragte ihn, in welchem reinen Land ich eine Wiedergeburt anstreben solle, und er dachte eine Weile darüber nach. Dann sagte er: »Nun, Amitabhas reines Land, Sukhavati, ist sehr gut. Aber warum das nicht einfach überspringen und das klare Licht der Mutter und des Kindes sich begegnen lassen?« Möglicherweise war das etwas zu hoch gegriffen, aber ich habe es als sehr wertvollen Herzensrat im Sinn behalten.

24

Anderen im Tod und im Sterben helfen

Als meine Mutter starb, schaffte ich es erst zu ihr, als sie schon gestorben war. Trungpa Rinpoche sagte mir jedoch, es sei noch nicht zu spät, ihr zu helfen. Er schlug mir vor, mich neben ihren Leichnam zu setzen und ihr zu sagen, was für eine gute Mutter sie gewesen sei und wie sehr ich sie liebte. Er empfahl mir, schöne Erinnerungen an unsere gemeinsame Zeit zu erzählen und ihr alles, was mir möglich war, zu sagen, damit sie sich freute und entspannte.

Als weiteres wichtiges Kernstück gab Trungpa Rinpoche mir den Rat, meine Mutter immer wieder daran zu erinnern, dass sie gestorben sei, damit sie ihr Leben loslassen konnte und nicht das Gefühl hatte, hier bleiben zu müssen. Ich war in der Lage, seinen Rat zu befolgen. Es berührte mich, so mit ihr im Bestattungsinstitut allein zu sein, und ich hatte das Gefühl, dass ich ihr den Übergang erleichterte und hilfreich für sie war.

Was ich mit meiner Mutter tat, beruhte auf der tibetischen Auffassung, dass das Bewusstsein nach dem Tod eine Zeit lang in der Nähe des Körpers bleibt. Obwohl der physische Körper tot ist, nimmt das Bewusstsein immer noch sehr deutlich wahr, was geschieht. Diese Ansicht wird auch von vielen Hospizmitarbeitern geteilt, mit denen ich gesprochen habe. Nachdem jemand gestorben ist, tun diese ihr Bestes, um eine friedliche Atmosphäre zu schaffen. Sie achten sehr darauf, was sie sagen und wie sie mit dem Körper und den Habseligkeiten des Verstorbenen umgehen.

Wenn mich Menschen fragen, wie sie anderen durch den Prozess des Sterbens und des Bardos hindurchhelfen können, beginne ich oft damit, dass ich ihnen diese Geschichte erzähle. Unabhängig von Ihren Glaubensüberzeugungen ist der Grundgedanke, dass die Person einen großen Übergang durchmacht und Sie sich dessen bewusst sein sollten. Von dem Moment an, in dem sie herausfindet, dass sie stirbt, macht sie viele intensive Erfahrungen, und das Beste, was wir tun können, ist, offen und einfühlsam zu sein, präsent bei allem, was auftaucht. Egal ob die Person sich in einem Zustand fortgeschrittener Demenz befindet, im Koma liegt oder gerade verstorben ist, wir sollten uns so verhalten, als wäre sie sich unserer Anwesenheit bewusst, und versuchen, sie auf eine starke, liebevolle und beständige Weise zu begleiten.

Mutter Teresa gründete ihr Hospiz in Kalkutta, Indien, mit der einfachen Idee, dafür zu sorgen, dass die Menschen sich geliebt fühlen, wenn sie sterben. Sie holte Menschen von der Straße, die gestorben wären, ohne dass sich ein einziger Mensch um sie gekümmert hätte, und brachte sie in ihr Hospiz, damit sie die letzten Tage in einer friedlichen, liebevollen Umgebung verbringen konnten. Wenn wir mit dieser einfachen Motivation für die sterbenden und kürzlich verstorbenen Menschen da sind, denen wir uns verbunden fühlen, können wir eine Menge tun, um sie zu ermutigen und ihnen einen reibungslosen Übergang zu ermöglichen. Auch hier können wir uns an die Zeile aus dem Gebet Dzigar Kongtrul Rinpoches erinnern: »Möge ich leicht und sehr glücklich alle Anhaftungen an dieses Leben loslassen, wie ein heimkehrender Sohn oder eine heimkehrende Tochter.« Diese Leichtigkeit und dieses Glücklichsein wünschen wir jedem, der im Sterben liegt oder gestorben ist. Es ist auch unser Wunsch für uns selbst.

Neben diesem allgemeinen Rat, fürsorglich und ermutigend zu sein, werden viele zusätzliche Dinge empfohlen, um Menschen im Sterbeprozess zu helfen. Einige davon möchte ich nun weitergeben. Im Folgenden werde ich mehr oder weniger aus der tibetischen Perspektive sprechen, aber viele dieser Ratschläge können an Ihr eigenes Glaubenssystem und an die Person, die Ihnen am Herzen liegt, angepasst werden.

Entsprechend der ersten Empfehlung sollen wir der sterbenden Person mitteilen, was geschieht, und zwar Schritt für Schritt. Falls wir mit den Zeichen der äußeren Auflösung vertraut sind, können wir ihr zum Beispiel sagen, wenn sich das Erdelement auflöst. Wir können ihr erklären, dass ein unangenehmes Schweregefühl ganz natürlich ist und sie sich nicht zu fürchten braucht. Das wird ihr helfen zu verstehen, dass das, was sie gerade durchlebt, Teil des universellen Sterbeprozesses ist.

Nach dem physischen Tod der Person werden wir wahrscheinlich nicht in der Lage sein festzustellen, in welchem Stadium sie sich befindet, aber wenn sie dem buddhistischen Glauben anhängt oder spirituell ausgerichtet ist, können wir ihr aus dem *Tibetischen Totenbuch* vorlesen, das in Form eines Gesprächs geschrieben ist. Traditionell geschieht das, indem man es der oder dem Betreffenden ins Ohr flüstert. Man kann das Buch während der 49 Tage im Bardo des Werdens immer wieder vorlesen. Da ein Wesen in diesem Zustand ein gewisses Maß an Hellsichtigkeit besitzt, brauchen wir nicht in seiner physischen Gegenwart zu verharren, um mit ihm zu kommunizieren. Wenn die Person jedoch einem anderen Glauben angehört – oder im Leben keine Verbindung zu etwas so Fremdem wie dem *Tibetischen Totenbuch* hatte –, dann ist es am besten, einfach so mit ihr zu reden wie ich mit meiner Mutter und ihr zu helfen, sich wertgeschätzt zu fühlen. In jedem Fall ist es wichtig, sie oft daran zu erinnern, dass sie gestorben ist und nun weitergehen kann.

Vor einigen Jahren machte ich ein Einzelretreat, bei dem ich mich hauptsächlich auf die Bardo-Lehren konzentrierte. Während dieser Zeit verstarb eine liebe Freundin von mir. Da ich im Retreat viel Zeit hatte, konnte ich die ganzen 49 Tage damit zubringen, mit ihr zu sprechen, ihr aus dem *Tibetischen Totenbuch* vorzulesen und alles, was ich vermochte, zu tun, um sie zu ermutigen. Ich war mir zwar nicht sicher, was sie durchlebte, spürte jedoch: Wenn ich ihr diese inspirierenden Dinge über die Bardos erzählte, würde sie sie verstehen. In den letzten Jahren ihres Lebens litt sie an Alzheimer und war geistig verwirrt. Doch nach der Auflösung der Elemente dieses Lebens lichten sich solche speziellen Wolken, und das Bewusstsein wird sehr empfänglich für Weisheitsworte jeglicher Art. Dieser Prozess mit meiner Freundin hat meine Vorstellung vom Tod insgesamt geprägt. Die Belehrungen wurden für mich viel realer und inspirierten mich, die Herausforderung meines eigenen Übergangs anzunehmen, wenn ich dieses Leben verlasse.

Trungpa Rinpoche lehrte uns, dass die ersten drei Tage nach dem Tod eines Menschen besonders entscheidend sind. Da keine zwei Menschen auf genau dieselbe Weise sterben, lässt sich kaum mit Sicherheit sagen, wann die endgültige Auflösung stattfindet. Sie geschieht, wenn sich das Element des Bewusstseins in den Raum hinein auflöst. In diesem Moment haben wir die Chance, Erleuchtung zu erlangen und unser klares Licht des Kindes mit dem der Mutter verschmelzen zu lassen. Mit anderen Worten, es ist ein sehr entscheidender Moment. Wenn unter Rinpoches Schülern jemand starb, ließen wir den Körper möglichst drei Tage an Ort und Stelle, um zu gewährleisten, dass der oder die Verstorbene genug Zeit hatte, die Gelegenheiten von Plan A als auch von Plan B wahrzunehmen: bei der Auflösung und im Bardo der Dharmata. Wir saßen meditierend bei ihnen und praktizierten auch Tonglen. Wenn es nicht möglich war, den Körper so lange dortzulassen, taten wir unser Bestes, um uns an jegliche Situation, die sich ergab, anzupassen. Dabei hoben wir hervor, dass es notwendig war, einen offenen, ermutigenden Geist zu bewahren, um eine günstige Atmosphäre für die verstorbene Person zu schaffen.

Irgendwann, als wir annahmen, dass der oder die Verstorbene im Bardo des Werdens war, führten wir eine sogenannte Sukhavati-Zeremonie durch. Sie ist nach Amitabhas reinem Land benannt, einem Ort, den Menschen für ihre Wiedergeburt anstreben können. Dabei verbrannten wir ein Foto und einen Zettel mit dem Namen der Person. Hinter dieser Zeremonie steht der Gedanke, dass die Verstorbenen sie sehen können, dadurch besser verstehen, dass sie gestorben sind, und sanft zum Weitergehen ermutigt werden. Wir bestärkten sie darin loszulassen und versicherten ihnen, dass alles für alle in Ordnung sei. Diese Zeremonie erhöht die Wahrscheinlichkeit, dass sie im traumgleichen Bardo des Werdens erwachen und eine günstige Geburt wählen können, sei es in einem reinen Land oder als ein Mensch, der Zugang zu einem spirituellen Weg hat.

Natürlich besteht immer die Möglichkeit, dass auch bei jemandem mit diesen Überzeugungen, der solche Praktiken und Zeremonien für sich durchführen lassen möchte, die Dinge nicht plangemäß verlaufen. So könnten Sie ganz plötzlich sterben, während Sie auf Reisen sind, oder man schließt Sie vielleicht an viele laute Maschinen an, oder Ihre Familienmitglieder streiten sich neben Ihrem Körper und zerstören die ruhige Atmosphäre. Tausend Dinge könnten schiefgehen. Wenn Sie also dafür sorgen möchten, dass Sie einen friedlichen Tod haben, dann erreichen Sie das am besten dadurch, dass Sie noch zu Lebzeiten einen friedlichen Geist kultivieren und üben, sich nicht so sehr aufzuregen, wenn Unerwünschtes in Ihr Leben tritt.

Eine weitere bedenkenswerte Frage, wenn jemand stirbt, ist die, wie man mit seinem Besitz umgeht. Wenn wir uns einmal bewusst machen, wie sehr wir an einigen unserer Besitztümer hängen, verstehen wir, wie sehr es verstorbene Personen stören kann, wenn wir mit ihren Habseligkeiten unachtsam umgehen. Es mag unrealistisch sein, jede Kleinigkeit, an der ihnen etwas lag, aufzubewahren und in makellosem Zustand zu erhalten. Aber was immer wir auch tun, wir sollten die Dinge, an denen sie hingen, im Auge behalten und unser Bestes tun, um ihre Besitztümer mit Respekt zu behandeln und zumindest nicht darüber zu streiten. Wenn wir das 49 Tage lang tun können, ist es das Beste.

Ich habe begonnen, an meinen eigenen Anhaftungen in Bezug auf Besitztümer zu arbeiten, um die Wahrscheinlichkeit zu verringern, dass sie mich im Bardo stören. Ich habe zwar eine Liste, wer welche Dinge erhalten soll, versuche aber auch, sie noch vor meinem Tod wegzugeben. Wenn ich daran denke, wie aufgebracht ich schon war, wenn ich triviale Dinge wie Wasserflaschen verlor, dann erkenne ich: Je mehr ich meinen Griff im Voraus lockern kann, umso besser stehen meine Chancen, erfolgreich durch die Bardos zu kommen.

Eine meiner Lieblingsgeschichten handelt von einem Mönch, der so sehr darauf bedacht war, vor seinem Tod seine Anhaftungen loszulassen, dass er fast all seine Besitztümer verschenkte. Im Augenblick vor dem Tod bemerkte er seine Teetasse auf dem Nachttisch und bedeutete seinem Freund, sie ihm zu reichen. Die Teetasse aus dem Fenster zu werfen war seine letzte Tat auf Erden.

Wie auch immer jemand stirbt, es gibt Möglichkeiten, ihm oder ihr auch dann zu helfen, wenn schon viel Zeit vergangen ist. Wir können gute Taten vollbringen und sie ihrem Wohlergehen widmen – wo auch immer sie sind und welche Form sie angenommen haben mögen. Notleidenden Geld geben, Tieren helfen, eine einsame ältere Nachbarin besuchen, einfach mal jemanden anlächeln: Bei allem, was man für andere tut, kann man sich wünschen, dass es jemandem hilft, der stirbt oder schon gestorben ist.

Nach dem Tod meines Vaters wies mich mein erster buddhistischer Lehrer, Lama Chimé Rinpoche, an, dem Verstorbenen 49 Tage lang seine Lieblingsspeisen und -getränke anzubieten. Diesem Rat folgend stellte ich die Opfergaben jeden Morgen neben meinen Hausaltar und entsorgte sie jeden Abend draußen an einem sauberen Ort, wo niemand darauf herumtrampelte. Wie ich später erfuhr, beruht dies auf dem Glauben, dass die Toten im Bardo des Werdens zwar Hunger und Durst verspüren, diese aber nur durch Speisen und Getränke, die ihnen speziell angeboten werden, stillen können. Ich weiß nicht, ob das stimmt.

Was ich aber weiß, ist, dass ich jeden Morgen, wenn ich das Essen und Trinken herausstellte, eine besondere Nähe zu meinem Vater spürte, die ich immer liebevoll bewahren werde. Seitdem habe ich diese Praxis für viele Menschen durchgeführt. Als meine liebe Freundin starb, habe ich ihr täglich einen Espresso und Schokolade dargeboten. Für mich wird es heißes Wasser und Apfelkuchen sein.

Sie können auch Tonglen praktizieren. Wenn die sterbende oder verstorbene Person Ihnen nahesteht, denken Sie zunächst einen Moment sehr liebevoll an sie. Anschließend denken Sie an etwas, was ihr vielleicht unangenehm ist, ihr Angst macht oder sie verwirrt – an irgendetwas, was sie unglücklich machen würde –, und atmen ein mit dem Wunsch, dass sie von all dem frei sein möge. Wenn Sie ausatmen, senden Sie ihr all Ihre Liebe und Fürsorge, alles, was sie glücklich machen oder ihr Erleichterung verschaffen könnte.

So praktiziere ich es immer noch für meine Eltern, auch wenn sie schon lange tot sind. Ich weiß nicht mit Sicherheit, ob es ihnen hilft, aber *mir* hilft es auf jeden Fall. Und weil wir so eng miteinander verbunden waren, habe ich das Gefühl, dass es sich auch auf ihre Gedanken positiv auswirkt, wo immer sie auch sein mögen.

Es ist entscheidend zuzulassen, dass Sie den Verlust eines nahestehenden Menschen uneingeschränkt betrauern. Es gibt keine buddhistische Lehre, die besagt, man solle niemanden vermissen und einfach weitermachen, als wäre nichts Besonderes geschehen. Auch wenn es heißt, dass das Bewusstsein nach dem Tod weiterbesteht und dass Menschen mit positiven Neigungen eine günstige Wiedergeburt haben, ist Trauer eine natürliche, schöne menschliche Emotion. Es ist zwar unangenehm, wenn die Trauer so zunimmt, dass sie uns überwältigt, doch mit der Zeit wird die Traurigkeit immer weniger intensiv. Und hin und wieder denken Sie an die Person, die Sie verloren haben, und weinen, und das ist gut so. Es ist ein Zeichen der Liebe.

Wenn Sie Ihre Trauer zulassen, können Sie allmählich loslassen. Es ermöglicht, dass der Strom der Unbeständigkeit weiterfließt. Natürlich wissen wir, dass die Unbeständigkeit nie aufhört, aber wir haben eine magische Fähigkeit, Dinge im Geist »einzufrieren« und in der Vergangenheit stecken zu bleiben. Uneingeschränktes Trauern ermöglicht uns, mit dem Leben weiterzumachen, sobald wir das Gefühl haben, dazu bereit zu ein.

Trungpa Rinpoche sprach oft über das »echte Herz der Traurigkeit« – ein zarter, offener »Ort«, an dem man sich mit den Menschen verbunden fühlt und offen für die Welt ist. Es ist ein positiver Geisteszustand, der Trauer begleiten kann. Als ich in einem Zustand der Trauer war, habe ich dieses Gefühl der Wertschätzung und der Verbundenheit mit anderen erlebt, selbst wenn ich sie nicht kannte und nie wiedersehen würde. Ich erinnere mich, wie ich einmal in meiner Trauer zur Post ging und eine überwältigende Liebe für alle anderen Menschen in der Schlange empfand. Im Gegensatz zu vielen anderen schmerzlichen Gefühlen wie Wut und Eifersucht sind Traurigkeit und Trauer eher verbindend, nicht trennend. Vielleicht liegt es daran, dass sie uns mehr auf die universelle Vergänglichkeit aller Aspekte des Lebens einstimmen: Der Tag wird zur Nacht, frisch aufgeblühte Blumen verwelken, Kinder werden erwachsen, Freunde und Verwandte altern, wir selbst werden alt.

Gleichzeitig können wir uns die Lehre von den zwei Wahrheiten vor Augen halten. Auf der relativen Ebene verändert sich alles, und alle sterben. Alle Menschen, alle Dinge sind so vergänglich wie Wolken, und das kann uns das Herz brechen. Aber auf der absoluten Ebene stirbt nichts. Unsere Körper kommen und gehen, ein Leben nach dem anderen, doch unsere wahre Natur bleibt immer dieselbe. Sie ist wie der Raum selbst: weit und unzerstörbar und voller Potenzial, dass sich Leben manifestieren kann.

25

Im Bardo erwachen

Bei diesen Lehren geht es darum, wie wir unserem Leben Sinn verleihen und alles, was uns widerfährt, in den Weg des Erwachens verwandeln können. Wie wir auf die momentanen, veränderlichen Umstände des täglichen Lebens reagieren, ist jetzt und zur Zeit des Sterbens gleichermaßen wichtig. Trungpa Rinpoche drückte es so aus: »Die gegenwärtige Situation ist wichtig. Das ist der springende Punkt, darauf kommt es an.«

Das Leben als eine Reihe von Bardos zu sehen ist eine sehr hilfreiche Praxis. Die Vergangenheit ist vergangen, die Zukunft noch nicht gekommen, und den Moment dazwischen können wir nicht ganz erfassen – und doch ist er alles, was da ist. Ich habe gelernt, dass wir unsere Fähigkeit entwickeln können, die Lücken, die Pausen, den offenen Raum zwischen zwei beliebigen Situationen wahrzunehmen. Wir können allmählich das Gefühl entwickeln, in einem Leben zu sein, das kontinuierlich beginnt und endet. Das kann zu einer Praxis des permanenten Gewahrseins werden. Das Ende von *diesem* ist auch der Beginn von *jenem*. Die Vorstellung der Wiedergeburt ist nicht nur die von physischer Geburt und Tod. Wiedergeburt findet in jedem Augenblick statt, und wir könnten beginnen, es so zu sehen.

Wenn wir meditieren, könnten wir den Raum zwischen den Gedanken wahrnehmen. Wir könnten den Zwischenraum, die

Lücke zwischen einer Emotion und der nächsten registrieren. Wir könnten die Lücke zwischen Schlafen und Wachen wahrnehmen, das fortlaufende Gefühl von Präsenz und Abwesenheit, von Kommen und Gehen. Die Lücke, wenn wir eine Tasse fallen lassen oder fast ausrutschen, wenn wir schlechte Nachrichten erhalten oder einen plötzlichen Schock erleben.

Wenn ich morgens aufwache, ist da ein Raum zwischen Schlafen und noch nicht ganz wach sein. Ich setze mich zum Meditieren aufrecht hin, und es ist eine neue Erfahrung. Dann ist es vorbei. Ich gehe ins Bad, erleichtere mich, spritze mir kaltes Wasser ins Gesicht, und dann endet es. Ich gehe in die Küche, und ein neues Leben beginnt: Wasser kochen, Frühstück machen, meine Medikamente einnehmen. Das endet, und ich setze mich hin und esse.

Ein Leben nach dem anderen, ein ständiger Fluss von Anfang und Ende, immer wieder neu. Trungpa Rinpoche beschrieb einmal seine Erfahrung an der Tankstelle, und es klang wie die faszinierendste Erfahrung, die man sich nur wünschen kann: Mit dem Auto vorfahren und anhalten. Lücke. Den Motor abstellen. Zwischenraum. Das Fenster herunterkurbeln und sagen: »Volltanken.« (So war es früher wirklich!) Zwischenraum. Warten. Zwischenraum. Dann endlich wegfahren – von diesem Bardo zum nächsten, von einer wunderbaren Erfahrung zur nächsten.

Wir haben die Wahl, entweder auf unsere gewohnte unbewusste Weise zu leben – gedankenverloren, getrieben von unseren Emotionen – oder aufzuwachen und alles frisch zu erleben, wie zum allerersten Mal. Wir haben auch die Wahl, uns mutig mit der zugrunde liegenden Bodenlosigkeit unserer Situation auseinanderzusetzen, anstatt ihr ausweichen zu wollen. Diese alles durchdringende Bodenlosigkeit hat, wie es heißt, drei Aspekte: Ungewissheit, Verletzlichkeit und Unsicherheit. Und so, wie wir jetzt mit diesen Gefühlen umgehen, so werden wir auch im Tod mit ihnen umgehen.

Wenn wir sterben, können sich Ungewissheit, Verletzlichkeit und Unsicherheit verstärken. Wir haben dann die Wahl, entweder verzweifelt daran festzuhalten oder aber loszulassen, in das Frische, Neue hinein, das mit der Auflösung kommt. Ein ganz offener Raum wird uns zugänglich, wenn wir nicht in Panik geraten, sondern loslassen – oder, sollten wir doch in Panik verfallen –, wenn wir uns dabei entspannen. Es kann eine Zeit des vollen Erwachens sein, das hängt vor allem davon ab, wie weit wir uns mit der Bodenlosigkeit wohl oder unwohl fühlen. Entspannung beim Sterben, und sei es auch nur einen Moment lang, wird uns dienlich sein.

Im Bardo der Dharmata fürchten wir vielleicht, in eine größere Welt gezogen zu werden. Je nachdem, wie wir es im Leben geübt haben, zieht es uns entweder in die gedämpfte, vertraute Welt des Leidens, oder wir entscheiden uns für die Herausforderung und lassen los, hinein in eine größere Vision. Selbst wenn wir Angst haben, können wir damit ausharren und es zulassen. Wenn wir zu Lebzeiten gelernt haben, mit dem, was wir fühlen, einverstanden zu sein, dann werden wir auch mit dem, was wir in diesem Bardo fühlen, einverstanden sein.

Im Bardo des Werdens angekommen, lautet eine wichtige Anweisung: Versuchen Sie, nicht zu rennen, sondern beständig zu sein. Wenn wir panisch werden, können wir bei der Panik bleiben und dem Hang widerstehen, schnelle Bewegungen zu machen. In allen Bardos des Lebens und des Todes lautet eine wichtige Anweisung: »Nicht kämpfen.« Was auch immer geschieht, bleiben Sie dabei – genau bei dem, was Sie fühlen. Werden Sie langsamer und seien Sie aufmerksam. Entwickeln Sie die Fähigkeit, in diesen unbequemen, angespannten Zuständen der Ungewissheit, Verletzlichkeit und Unsicherheit zu verharren. Entwickeln Sie die Fähigkeit, mit der kontinuierlichen Veränderung von Bardo zu Bardo, von Zwischenraum zu Zwischenraum zu fließen.

Trungpa Rinpoche pflegte uns aufzufordern, »unseren Sitz zu halten«. Genau das wird uns am meisten helfen – das und der Blick in die Runde, bei dem wir erkennen, dass andere um uns herum genauso in Panik sind, genauso versuchen wegzulaufen, genauso Trost und Liebe brauchen. Gefühle können uns entweder in Daseinsbereiche ziehen, in denen wir nicht sein wollen, oder sie können uns von Herz zu Herz mit all den anderen wechselseitig miteinander verbundenen Lebewesen verbinden.

Unsere Aufgabe ist es, uns für unsere eigene gegenwärtige Situation wie auch für die unserer Mitmenschen zu öffnen. Und es ist unsere Aufgabe – im Leben und im Tod – zu erkennen, dass wir stets die Wahl haben. Wir können einschlafen und in Unbewusstheit verfallen, sodass wir im sich wiederholenden Kreislauf des Samsara stecken bleiben, oder wir können erwachen. Und wie Dzigar Kongtrul Rinpoche sagt: »Das liegt bei uns.«

Zum Schluss

Ishi war der Letzte seines Stammes. Die Yahi waren während des Goldrauschs und danach beinahe ausgerottet worden. Mit einigen wenigen verbliebenen Familienmitgliedern war Ishi in die Wildnis geflohen, und Jahrzehnte später war er der einzige Yahi, der noch übrig war. Eines frühen Morgens im Jahr 1911 tauchte er in der nordkalifornischen Stadt Oroville auf, desorientiert und fast nackt. Wenig später reiste der Anthropologe Alfred Kroeber mit dem Zug nach Oroville und nahm Ishi mit sich nach Berkeley, wo er Professor war. Er wollte so viel Zeit wie möglich mit Ishi verbringen und alles über ihn herausfinden, was er in Erfahrung bringen konnte. Und allen Berichten zufolge war Ishi gern bereit, dabei mitzumachen.

Ishi war freundlich und warmherzig, und die Leute staunten über seine Anpassungsfähigkeit. Er beobachtete stets, wie die Menschen etwas taten, und ergründete, wie man in einer völlig anderen Welt leben konnte. Als ihm jemand einen Mantel und eine Krawatte schenkte, freute er sich, diese für ihn seltsame Kleidung zu tragen. Als jemand ihm Schuhe anbot, lehnte er jedoch höflich ab. Er wollte die Erde spüren.

Obwohl heutzutage manche der Meinung sind, Kroeber habe Ishi ausgenutzt – und das könnte man sicherlich so interpretieren –, gibt es doch Hinweise darauf, dass sie sehr enge Freunde wurden. Irgendwann konnten sie sich auch mit Worten verständigen. Doch als Kroeber ihn nach seinem Namen fragte, wollte er ihn nicht sagen. Es entsprach nicht seinen Gepflogenheiten, jemandem außerhalb seines Stammes seinen Namen zu nennen. Also nannte Kroeber ihn »Ishi«, was einfach »Mann« bedeutet, und er akzeptierte das.

Als Kroeber ihn das erste Mal zum Bahnhof mitnahm, versteckte sich Ishi hinter einer Säule, als der Zug einfuhr. Dann kam er aber doch dahinter hervor, und sie stiegen gemeinsam in den Zug ein. Später, als sie miteinander sprechen konnten, fragte Kroeber ihn, warum er sich versteckt habe. Ishi antwortete: »Wir sahen die Züge mit ihrem Feuer und dem aufsteigenden Rauch immer von den Bergen aus und hielten sie für menschenfressende Monster. Also hielten wir uns immer möglichst fern von ihnen.« Daraufhin fragte Kroeber: »Woher hattest du den Mut, in den Zug zu steigen?« Daraufhin antwortete Ishi etwas, was ich immer sehr inspirierend fand: »Ich war eher neugierig als ängstlich.«

Eine meiner wichtigsten Absichten beim Schreiben dieses Buches war es, anderen zu helfen, »eher neugierig als ängstlich« zu werden, insbesondere wenn es um Tod und Sterben geht. Die Angst vor dem Tod ist eine tägliche Belastung und, wie ich versucht habe zu erklären, eine unnötige. Der Tod ist Teil der fortlaufenden und endlosen Reihe von Bardos, dem wundersamen Fluss von Geburt und Tod. Wollen wir innig mit dem Leben vertraut sein, dann sollten wir meiner Meinung nach auch mit dem Tod aufs Innigste vertraut sein.

Ishi muss mit dem Tod sehr vertraut gewesen sein, um in der Lage gewesen zu sein, sich so zu verhalten. Das überrascht nicht besonders: Alle Menschen, die er kannte, waren gestorben, und er lebte seit Jahren am Rande des Verhungerns. Er hatte nichts mehr zu verlieren. Wenn wir uns jedoch auf die Vorstellung einlassen, dass Geburt und Tod in jedem Augenblick geschehen, werden wir erkennen, dass auch wir nichts zu verlieren haben.

Dann sind wir in der Lage, furchtlos zu leben, mit großem Mitgefühl für alle anderen Menschen auf diesem Planeten, die sich abmühen, besorgt und voller Angst. Und unsere Freiheit des Herzens und des Geistes bewirkt, dass wir bereitwilliger anderen helfen und dies auch effektiver tun.

Wie viele spirituelle Traditionen entstand auch der Buddhismus aus dem universellen menschlichen Bedürfnis heraus, eine Beziehung zum Tod aufzubauen. Der künftige Buddha verbrachte sein frühes Leben innerhalb der Mauern des väterlichen Palastes, abgeschottet von allen Hinweisen auf Sterblichkeit. Doch als er sich eines Tages hinausbegab, sah er einen alten Mann, einen Kranken und einen Leichnam. Diese drei Begegnungen brachten ihn dazu, darüber nachzudenken, worin überhaupt der Sinn des Lebens lag, wenn es doch nur zu solchen Ergebnissen führte. Er verließ die Annehmlichkeiten seines Palastes, um nach einem Weg zu suchen, der sowohl dem Leben als auch dem Tod mehr Sinn verlieh. Das, was er bei seiner Suche entdeckte und was über die Jahrhunderte und Generationen hinweg weitergegeben wurde, ist die Weisheit, die ich das Glück hatte, von meinen Lehrern zu erhalten. Ich habe versucht, einen kleinen Teil davon im vorliegenden Buch weiterzuvermitteln.

Meine Darstellung der Bardos umfasst nur einen winzigen Bruchteil des Wissens, das Sie an anderen Stellen finden können. Für Interessierte habe ich am Ende des Buches eine Liste mit Leseempfehlungen beigefügt. Gleichwohl ist meines Erachtens das Wichtigste bei der Vorbereitung auf den Tod, uns in Erinnerung zu rufen: Wie wir leben, so sterben wir. Wenn wir lernen, die Vergänglichkeit anzunehmen, mit unseren Kleshas zu arbeiten, die himmelsgleiche Natur unseres Geistes zu erkennen und uns immer weiter für die Erfahrungen des Lebens zu öffnen, dann lernen wir beides: zu leben und zu sterben. Wenn wir eine Leidenschaft dafür entwickeln, etwas über die bodenlose, unvorhersehbare, unergründliche Natur unserer Welt und unseres Geistes zu lernen, werden wir unserem Tod mit mehr Neugierde als Angst begegnen können.

> *»Diese kostbare menschliche Geburt, so frei und voller Vorzüge – segne mich, dass ich ihren Sinn ganz erfasse. Der Zeitpunkt des Todes ist ungewiss. Segne mich, dass ich nichts zu bereuen habe.«*
>
> *Karma Chagmé,* Gebet an Macig Labdrön

Anhang

Anhang A: Eine Geschichte der Bardo-Lehren

Eine ziemlich außergewöhnliche traditionelle Geschichte erzählt, wie die Bardo-Lehren zu uns gelangt sind. Im 8. Jahrhundert wollte König Trisong Detsen den Buddhismus fest in Tibet etablieren. Als überzeugter Anhänger des Dharma glaubte er, seinen Untertanen am besten dienen zu können, indem er die Lehren des Buddha verbreitete. Diese waren in Tibet noch ganz neu. Zu jener Zeit war Tibet ein wildes Land. Die Menschen waren nicht gerade harmlos, und es gab Geister und Dämonen, die es dem Dharma schwer machten, sich dort zu verwurzeln. Der König wollte einen prächtigen buddhistischen Tempel bauen, aber jede Nacht nahmen die Geister den Bau wieder auseinander und brachten alle Erde und Steine dorthin zurück, wo sie herkamen.

Dann hörte der König von Guru Rinpoche, dem mächtigen erleuchteten Lehrer in Indien, der fähig war, Unbezähmbares zu zähmen. Guru Rinpoche kam, um die Unruhestifter zu befrieden, und der Samye-Tempel wurde erbaut – er existiert noch heute. Während seines Aufenthalts in Tibet tat Guru Rinpoche alles nur Erdenkliche, um dafür zu sorgen, dass der Dharma tiefe Wurzeln schlug. Er gab seine Lehren an viele Schüler weiter und half ihnen, hohe Ebenen der spirituellen Verwirklichung zu erreichen. Einige seiner Lehren, die als *Terma* (wörtlich: »Schätze«) bekannt sind, waren für künftige Generationen bestimmt, die auf sie stoßen würden, wenn die Termas am meisten gebraucht wurden. Yeshe Tsogyal, seine Gefährtin und engste Schülerin, schrieb diese Lehren auf, und sie und Guru Rinpoche versteckten sie in ganz Tibet. Guru Rinpoche ermächtigte seine 25 Hauptschüler, diese Termas in zukünftigen Leben zu entdecken. Diese Schüler, so heißt es, sind im Lauf der Jahre viele Male als *Tertöns* – »Schatzentdecker« – wiedergeboren worden. Chögyam Trungpa Rinpoche war als Tertön bekannt. Eine seiner Entdeckungen war das Mahamudra-Sadhana, eine Praxis, die viele seiner Schüler noch immer regelmäßig ausüben.

Das *Bardo Tödrol* ist Teil eines Termas, das im 14. Jahrhundert von Karma Lingpa auf dem Berg Gampo Dar in Zentraltibet entdeckt wurde. (Gampo Abbey, das Kloster in Nova Scotia, in dem ich einige der für dieses Buch adaptierten Lehren an andere weitergegeben habe, ist nach dem berühmten Lehrer Gampopa benannt, der sein Kloster am Berg Gampo errichtete.) Nach seiner Entdeckung wurde das *Bardo Tödrol* lange geheim gehalten. Die Lehrer gaben es jeweils an einen Schüler weiter. Schließlich wurde es offener gelehrt, und in den 1920er-Jahren organisierte ein amerikanischer Anthropologe namens Walter Evans-Wentz die erste Veröffentlichung auf Englisch mit dem unzutreffenden, aber verlockenden Titel *The Tibetan Book of the Dead* (Titel der deutschsprachigen Ausgabe der Evans-Wentz-Übersetzung: *Das tibetanische Totenbuch*, Anm. d. Ü.). Es wurde im Westen sehr populär. In den 1960er-Jahren wurde es von den Hippies, zu denen auch ich gehörte, mit Begeisterung aufgegriffen. Es ist nach wie vor einer der am häufigsten gelehrten buddhistischen Texte über die Bardos.

Anhang B: Übungen

Grundlegende Sitzmeditation

Die Technik der Sitzmeditation namens *Shamatha-Vipashyana* (»Ruhiges Verweilen – Einsicht«) ist wie ein goldener Schlüssel, hilfreich, um uns selbst zu erkennen. In der Shamatha-Vipashyana-Meditation sitzen wir aufrecht mit gekreuzten Beinen, die Augen offen, die Hände ruhen auf den Oberschenkeln. Dann nehmen wir einfach unseren Atem bewusst wahr, wenn er ausströmt. Es erfordert Präzision, ganz bei diesem Atem zu sein. Andererseits ist es ganz entspannt und sanft. Zu sagen »Sei ganz bei dem Atem, wenn er ausströmt« ist dasselbe wie »Sei ganz präsent«. Sei ganz bei dem, was gerade passiert. Wenn wir beim Ausatmen den ausströmenden Atem bewusst wahrnehmen, nehmen wir vielleicht auch andere Dinge wahr – Geräusche auf der Straße, Licht an den Wänden. Solche Dinge ziehen vielleicht unsere Aufmerksamkeit geringfügig auf sich, aber sie lenken uns nicht unbedingt ab. Wir können weiterhin hier sitzen und den ausströmenden Atem wahrnehmen.

Beim Atem zu bleiben ist jedoch nur ein Teil der Technik. Der andere sind die Gedanken, die uns ständig durch den Kopf gehen. Wir sitzen hier und halten Selbstgespräche. Die Anweisung ist: Sobald Sie merken, dass Sie gedacht haben, benennen Sie es als »Denken«. Sobald der Geist abschweift, sagen Sie sich:

»Denken.« Ob Ihre Gedanken gewaltsam oder leidenschaftlich oder voller Unwissenheit und Verleugnung sind; ob sie besorgt oder ängstlich sind; ob es spirituelle Gedanken sind, erfreuliche Gedanken darüber, wie gut es Ihnen geht, tröstende Gedanken, erhebende Gedanken – wie auch immer sie sind, benennen Sie sie ohne Bewertungen oder Schroffheit einfach als »Denken«, und zwar ehrlich und sanft.

Es ist nur ein ganz leichter Kontakt zum Atem: Nur etwa 25 Prozent der Aufmerksamkeit sind auf ihn gerichtet. Sie halten ihn weder fest, noch fixieren Sie sich darauf. Sie öffnen sich, lassen den Atem sich mit dem Raum der Umgebung vermischen, lassen ihn einfach in den Raum hinausströmen. Dann kommt so etwas wie eine Pause, eine Lücke, bis die nächste Ausatmung wieder ausströmt. Beim Einatmen könnte das Gefühl aufkommen, einfach offen zu werden und zu warten. Es ist, als würde man auf die Türklingel drücken und darauf warten, dass jemand reagiert. Dann drückt man die Türklingel erneut und wartet auf eine Reaktion. Dann schweift Ihr Geist wahrscheinlich ab, und Ihnen wird bewusst, dass Sie wieder denken. Wenden Sie an diesem Punkt die Technik des Benennens an.

Es ist wichtig, sie gewissenhaft anzuwenden. Wenn Sie merken, dass Ihre Benennung einen harten, negativen Ton hat, als würden Sie »Verdammt!« sagen – wenn Sie sich also selbst schlecht behandeln –, dann sagen Sie es noch einmal und werden Sie lockerer. Es ist nicht so, dass Sie die Gedanken abschießen sollen, als wären es Tontauben. Seien Sie stattdessen sanft. Nehmen Sie den Benennungsteil der Technik als Gelegenheit, Sanftmut und Mitgefühl gegenüber sich selbst zu entwickeln. Bei der Meditation ist alles, was aufkommt, in Ordnung. Worauf es ankommt, ist, dass Sie es wirklich sehen und sich damit anfreunden können.

Es mag zwar unangenehm und schmerzlich sein, aber es ist sehr heilsam, sich nicht länger vor sich selbst zu verstecken. Es ist heilsam zu wissen, auf welche verschiedenen Arten man hinterhältig ist, sich verbirgt, andere kritisiert, sich abschottet, sich verleugnet und sich verschließt – all die seltsamen kleinen Eigenheiten. Das alles können Sie mit etwas Humor und Freundlichkeit erkennen. Wenn Sie sich selbst kennen, lernen Sie dadurch auch das Menschsein insgesamt kennen. Uns allen geht es ähnlich. Wir sitzen alle im selben Boot. Wenn Sie merken, dass Sie mit sich selbst reden, benennen Sie es mit »Denken«, und achten dabei auf Ihren Tonfall. Lassen Sie ihn mitfühlend, sanft und humorvoll sein. Dann werden Sie alte, eingefahrene Muster ändern, die Sie mit allen Menschen gemeinsam haben. Mitgefühl für andere beginnt mit Freundlichkeit gegenüber uns selbst.

Wie lange Sie in der Meditation sitzen, bleibt Ihnen überlassen. Es kann so kurz wie zehn Minuten sein oder so lange, wie Sie möchten. Es ist eine Praxis für den Bardo dieses Lebens und für den Bardo des Sterbens, und sie wird auch für alle anderen Bardos von Nutzen sein.

Meditieren mit offenem Gewahrsein – eine angeleitete Praxis von Yongey Mingyur Rinpoche

Nichtmeditation ist die beste Meditation. Bei der echten Meditation brauchen Sie nicht zu meditieren. Lassen Sie den Geist einfach ruhen, wie er ist. Wie auch immer Ihre geistige Verfassung ist, friedlich oder nicht friedlich, ob Gedanken aufkommen oder nicht, es spielt keine Rolle. Der Hintergrund all dessen ist Gewahrsein, nicht wahr? Bleiben Sie also einfach bei dem Gewahrsein, lassen Sie es zu. Welche Gedanken oder Gefühle auch immer aufkommen, akzeptieren Sie sie, oder lassen Sie sie zu, seien Sie einfach da. Solange Sie nicht ohnmächtig werden oder völlig die Orientierung verlieren, ist es in Ordnung.

Nun kommen wir zur Praxis. Wir nennen sie »Meditation des offenen Gewahrseins«, manchmal auch »Meditation ohne Objekt«. Es gibt mehrere unterschiedliche Bezeichnungen. Einige traditionelle Texte bezeichnen sie als »Meditation ohne Stütze«.

Bitte setzen Sie sich hin und nehmen Sie Ihre Meditationshaltung ein. Zuerst üben wir mit einer sanften Ausatmung. Atmen Sie ganz natürlich ein und aus. Am Ende der Ausatmung ist eine natürliche Pause. Ruhen Sie während dieser Pause einfach im offenen Gewahrsein. Wenn Sie das Bedürfnis haben, wieder einzuatmen, tun Sie es. Entspannen Sie sich beim Einatmen und Ausatmen. Atmen Sie ganz natürlich, verweilen Sie während der Pause am Ende jeder Ausatmung einfach im Gewahrsein. Achten Sie darauf, ob Sie merken, dass diese Pausen von allein etwas länger werden. Bleiben Sie in Ihrer Meditationshaltung. Erzwingen Sie nichts. Atmen Sie ein, atmen Sie aus und verweilen Sie während der Pause.

Wie war das? Nun versuchen wir es ohne Atempausen, einfach ganz natürlich. Sie brauchen nichts mit dem Atem zu tun. Lassen Sie den Geist einfach ruhen. Seien Sie einfach da, mit einem Gefühl der Präsenz.

Wenn Sie auf diese Weise verweilen, sind Sie nicht orientierungslos. Gewahrsein ist da, aber es hat kein bestimmtes Objekt. Sie entspannen sich einfach. Manche finden vielleicht ein Gefühl der Präsenz, des Seins. Etwas ist da. Man kann es nicht wirklich beschreiben, aber man ist nicht ohne Orientierung. Sie meditieren nicht, aber Sie sind auch nicht orientierungslos. Okay? Das ist alles.

Tonglen

Die Tonglen-Praxis, auch bekannt als »Aussenden und Empfangen« oder »Geben und Nehmen«, kehrt unsere übliche Logik um, Leid zu vermeiden und Angenehmes anzustreben. Bei dieser Praxis stellen wir uns vor, dass wir mit jeder Einatmung den Schmerz anderer aufnehmen und mit der Ausatmung etwas aussenden, was zu ihrem Wohl beiträgt. Im Verlauf dieses Prozesses befreien wir uns von uralten egoistischen Mustern. Wir empfinden allmählich Liebe für uns selbst und andere, kümmern uns zunehmend um uns selbst und andere.

Tonglen weckt unser Mitgefühl und führt uns in eine weitaus umfassendere Sicht der Realität ein. Es macht uns mit der grenzenlosen Weite von *Shunyata* (Leerheit) bekannt. Durch diese Praxis verbinden wir uns allmählich mit der offenen Dimension unseres Seins.

Tonglen kann für Kranke, Sterbende, Verstorbene oder Menschen, die Schmerzen jeglicher Art haben, praktiziert werden. Es kann als formale Meditationspraxis oder auch spontan zu jeder Zeit praktiziert werden. Wenn wir draußen spazieren gehen und jemanden sehen, der Schmerzen hat, können wir den Schmerz dieser Person einatmen und ihr Erleichterung verschaffen.

Normalerweise schauen wir weg, wenn wir jemanden leiden sehen und sein Schmerz bei uns Angst oder Wut, Widerstand und Verwirrung hervorruft. Also können wir Tonglen auch für all diejenigen machen, die so sind wie wir – all jene, die mitfühlend sein wollen, aber stattdessen Angst haben; die mutig sein wollen, aber stattdessen feige sind. Anstatt uns selbst fertigzumachen, können wir unsere persönliche festgefahrene Lage als Sprungbrett nutzen, um zu verstehen, was Menschen überall auf der Welt zu schaffen macht. Atmen Sie für uns alle ein und für uns alle aus. Nutzen Sie das, was Gift zu sein scheint, als Medizin. Wir können unser persönliches Leiden als Weg nutzen, um Mitgefühl für alle Wesen zu empfinden.

Wenn man Tonglen als formale Meditationspraxis praktiziert, umfasst es vier Stufen.

1. Aufblitzen des Bodhichitta

Ruhen Sie ein oder zwei Sekunden in einem Zustand der Offenheit oder Stille. Diese Phase wird traditionell »Aufblitzen des absoluten Bodhichitta«, »erwachter Herz-Geist« oder »Sich für grundlegende Weite und Klarheit öffnen« genannt.

2. Beginn der Visualisierung

Arbeiten Sie damit, wie sich etwas anfühlt. Atmen Sie Empfindungen der Hitze, Dunkelheit und Schwere ein – ein beengendes Gefühl – und atmen Sie Empfindungen der Kühle, Helligkeit und des Lichts aus – ein Gefühl der Frische. Atmen Sie vollständig ein und nehmen Sie mit allen Poren des Körpers negative Energie auf. Atmen Sie aus und strahlen Sie positive Energie durch alle Poren aus. Fahren Sie so lange damit fort, bis Ihre Visualisierung mit Ihren Ein- und Ausatmungen synchronisiert ist.

3. Konzentrieren Sie sich auf eine persönliche Situation

Konzentrieren Sie sich auf eine beliebige schmerzliche Situation, die für Sie real ist. Traditionell beginnt man damit, Tonglen für jemanden auszuüben, der einem am Herzen liegt und dem man helfen möchte. Wenn Sie sich jedoch selbst in einer festgefahrenen Situation befinden, können Sie die Übung auch für Ihren eigenen Schmerz machen und zugleich für all diejenigen, die dasselbe Leid empfinden. Wenn Sie zum Beispiel das Gefühl haben, unzulänglich zu sein, dann atmen Sie das für sich und alle anderen ein, die in derselben Situation sind, und senden Sie Zuversicht, das Gefühl, fähig zu sein, und Linderung in jeder Form aus, die Ihnen beliebt.

4. Erweitern Sie Ihr Mitgefühl

Schließlich weiten Sie das Aufnehmen und Aussenden aus. Wenn Sie Tonglen für jemanden machen, den Sie lieben, dehnen Sie es auf alle aus, die sich in der gleichen Situation befinden. Falls Sie Tonglen für eine Person praktizieren, die Sie im Fernsehen oder auf der Straße sehen, dann erweitern Sie es auf alle anderen, die im selben Boot sitzen. Machen Sie etwas Größeres daraus als etwas, das nur auf diese eine Person bezogen ist. Sie können Tonglen für Menschen praktizieren, die Sie als Ihre Feinde ansehen – für diejenigen, die Sie oder andere verletzt haben. Machen Sie Tonglen für sie und stellen Sie sich vor, dass sie ebenso verwirrt oder festgefahren sind wie Ihre Freundin oder Sie selbst. Atmen Sie ihren Schmerz ein und senden Sie ihnen Erleichterung.

Tonglen ist unendlich erweiterbar. Durch diese Praxis wächst Ihr Mitgefühl mit der Zeit ganz natürlich; ebenso erkennen Sie immer deutlicher, dass die Dinge nicht so festgefügt sind, wie Sie dachten – ein flüchtiger Einblick in die Leerheit. Wenn Sie dies nach und nach in Ihrem eigenen Tempo praktizieren, werden Sie überrascht feststellen, dass Sie immer besser in der Lage sind, für andere da zu sein, selbst in Situationen, in denen Ihnen dies früher unmöglich schien.

Anhang C: Tabellen und Übersichten

Stadien der Auflösung

1. Stadium	Erde in Wasser Gefühl der Schwere, des Niedergedrücktseins Sehvermögen schwindet Geheimzeichen: schimmerndes Trugbild
2. Stadium	Wasser in Feuer Durst, Körperflüssigkeiten nicht kontrollierbar Gehör schwindet Geheimzeichen: Rauch
3. Stadium	Feuer in Luft Frieren, nicht warm werden können Geruchssinn schwindet Geheimzeichen: Glühwürmchen, Lichtfunken
4. Stadium	Luft in Bewusstsein Atmen fällt schwer, kurze Einatmung, lange Ausatmung Geschmackssinn schwindet Geheimzeichen: Butterlampen- oder fackelähnliches Bild
5. Stadium	Bewusstsein in Raum Äußere Atmung hört auf Tastsinn schwindet Geheimzeichen: Butterlampenbild weiter vorhanden

Danach	Innere Auflösung Der Körper ist tot. Die innere Atmung hört im dritten Stadium (weiter unten) auf. Das Bewusstsein stirbt in drei Stadien (subtil, subtiler, äußerst subtil). 1. Aussehen: Weiß. Wie der reine, in Mondlicht getauchte Himmel; Zorn löst sich auf. 2. Steigerung: Rot. Alles sieht rot aus. Leidenschaft und Gier lösen sich auf. 3. Erreichen: Schwarz. Entweder Verlieren des Bewusstseins (»Blackout«) oder Erkennen der wahren Natur des Geistes (klares Licht der Mutter und des Kindes begegnen sich). Am Ende der inneren Auflösung verlässt das Bewusstsein den Körper.

Die fünf Buddha-Familien

Symbol	Vajra	Ratna
Element	Wasser	Erde
Farbe[21]	Weiß	Gelb
Richtung	Osten	Süden
Jahreszeit	Winter	Herbst
Weisheitsaspekt	Spiegelgleiche Weisheit Scharfsinnig, präzise, klarsehend, *prajña* (unterscheidendes Gewahrsein), Unzerstörbarkeit, verstandesgeprägt	Weisheit der Wesensgleichheit Fülle, Überfluss, großzügig, breitet sich aus, magnetisch anziehend, fühlt sich wie zu Hause

Symbol	VAJRA	RATNA
Neuroseaspekt[22]	Aggression intellektuelle Fixierung, kalt, kritisch, schneidend	Stolz pompös, breitet sich unnötig aus, nie genug, übertreibt es

PADMA	KARMA	BUDDHA
Feuer	Luft	Raum
Rot	Grün	Blau
Westen	Norden	Zentrum des Mandala
Sommer	Frühling	---
Unterscheidende Weisheit mitfühlend, Herzlichkeit, Offenheit, Neugierde, entgegenkommend	Alles vollendende Weisheit Taten erfüllen leicht ihren Zweck	Dharmadhatu-Weisheit weiträumig, gleichmäßig, weise, kontemplativ, Basis des grundlegenden Raums
Gier, Verlangen verführt und bezaubert aus Ego-Gründen, falsches Lächeln, will von allen gemocht werden	Eifersucht, Neid sehr reizbar, kritisch, übereffizient, schnell, will eine uniforme, ordentliche Welt schaffen	Unwissenheit abgehoben, faul, völlig gleichgültig, depressiv, wählt den Weg des geringsten Aufwands, abgestumpft

Die sechs Daseinsbereiche des Samsara

Die abgebildeten sechs Daseinsbereiche des Samsara von oben im Uhrzeigersinn: der Götterbereich, der Bereich der eifersüchtigen Götter, der Bereich der Hungergeister, der Höllenbereich, der Tierbereich und der Bereich der Menschen. Der Vogel, die Schlange und das Schwein in der Mitte des Kreises stehen für die drei wichtigsten Kleshas: Gier, Aggression und Unwissenheit. Diese Emotionen führen zu den geistigen Zuständen und Handlungen, die unsere Erfahrung im Samsara kreieren. Im mittleren Ring, zwischen den sechs Bereichen (außen) und der Darstellung der drei Haupt-Kleshas (in der Mitte), stellt die linke Hälfte des Rings positive Handlungen dar, die zur Geburt in den höheren Bereichen führen, und die rechte Hälfte negative Handlungen, die zur Geburt in den niederen Bereichen führen.

Dank

Zuallererst möchte ich meinen verehrten Lehrern danken, ohne die diese Bardo-Lehren für mich immer noch ein Buch mit sieben Siegeln wären. Als Nächstes gilt mein Dank Yongey Mingyur Rinpoche dafür, dass er so ein beeindruckendes Vorbild ist, wie auch für die Erlaubnis, seine Meditation über offenes Gewahrsein verwenden zu dürfen. Erik Pema Kunsang und Francesca Fremantle klärten einige der schwierigeren Aspekte der Bardo-Lehren. Helen Tworkov beantwortete Fragen zu Mingyur Rinpoches Geschichte. Sarah Stanton von Shambhala Publications machte zahlreiche nützliche Vorschläge, die dazu beitragen, dieses Buch dem Lesepublikum noch näherzubringen; Nikko Odiseos und Ivan Bercholz von Shambhala boten wertvolle Führung und Unterstützung. Barbara Abrams, eine meiner treuesten Leserinnen, las einen frühen Entwurf des Manuskripts und gab aufschlussreiches Feedback. Schließlich gilt mein ganz besonderer Dank meinem Freund und Dharma-Bruder Joseph Waxman dafür, dass er die heroische Aufgabe übernommen hat, die Abschriften meiner Vorträge in dieses Buch zu verwandeln. Es ist immer eine große Freude, mit meinem Herzensfreund Joey Waxman zusammenzuarbeiten.

Über die Autorin

Ani Pema Chödrön wurde 1936 als Deirdre Blomfield-Brown in New York City geboren. Sie besuchte die Miss Porter's School in Connecticut und machte ihren Abschluss an der University of California in Berkeley. Viele Jahre war sie als Grundschullehrerin in New Mexico und Kalifornien tätig. Ani Pema hat zwei Kinder und drei Enkelkinder.

Mit Mitte 30 reiste Ani Pema in die französischen Alpen und begegnete Lama Chimé Rinpoche, dessen Schülerin sie mehrere Jahre lang war. 1974, während ihres Studiums bei Lama Chimé in London, wurde sie Novizin. Zu jener Zeit kam Seine Heiligkeit der 16. Karmapa nach Schottland, und Ani Pema empfing ihre Ordination von ihm.

Ani Pema begegnete ihrem Wurzelguru, Chögyam Trungpa Rinpoche, zum ersten Mal 1972. Lama Chimé ermutigte sie, mit Rinpoche zu arbeiten. Er war derjenige, mit dem sie schließlich ihre tiefste Verbindung einging und dessen Schülerin sie von 1974 bis zu seinem Tod im Jahr 1987 war. Auf Bitten des 16. Karmapa erhielt sie 1981 in Hongkong die volle Bhikshuni-Ordination in der chinesischen Linie des Buddhismus. Sie leitete das Karma-Dzong-Zentrum in Boulder, Colorado, bis sie 1984 ins ländliche Cape Breton, Nova Scotia, zog, um Leiterin von Gampo Abbey zu werden. Chögyam Trungpa Rinpoche gab ihr die ausdrückliche Anweisung, dieses Kloster für westliche Mönche und Nonnen zu gründen.

Ani Pema lehrt gegenwärtig in den Vereinigten Staaten und Kanada und plant, längere Zeit in einem Einzelretreat unter der Leitung des Ehrwürdigen Dzigar Kongtrul Rinpoche zu verbringen. Sie ist daran interessiert, das tibetisch-buddhistische Mönch- und Nonnentum im Westen zu etablieren. Ihre Arbeit mit westlichen Buddhisten aller Traditionen möchte sie fortsetzen und dabei Vorstellungen und Lehren austauschen. Ihre gemeinnützige Stiftung, die Pema Chödrön Foundation, wurde zu diesem Zweck gegründet, wie auch zur Unterstützung von tibetisch-buddhistischen Nonnen in Indien und Nepal sowie von Organisationen, die gefährdeten Menschen und Bevölkerungsgruppen in den Vereinigten Staaten helfen.

Sie ist die Verfasserin mehrerer Bücher, darunter *Das Unwillkommene willkommen heißen*, *Liebende Zuwendung – Freude im Herzen*, *Beginne, wo du bist*, *Wenn alles zusammenbricht*, *Geh an die Orte, die du fürchtest*, *Becoming Bodhisattvas*, *Frieden in schwierigen Zeiten* und *Die drei Versprechen – was uns Halt gibt, wenn das Leben uns herausfordert*.

Anmerkungen

1 Thich Nhat Hanh 2012.
2 Eine Tabelle, die die Stadien der Auflösung und ihre Eigenschaften darstellt, finden Sie in Anhang C auf Seite 210f.
3 Vgl. Mingyur/Tworkov 2019.
4 Anleitungen zur grundlegenden Sitzmeditation und zum Meditieren mit offenem Gewahrsein finden Sie in Anhang B (Seite 203ff.).
5 Ringu Tulku 2007.
6 Dzogchen Ponlop 2021.
7 McLeod 2019.
8 Trungpa 1984.
9 Wenn Sie mit dieser Praxis nicht vertraut sind und gern eine Schritt-für-Schritt-Anleitung hätten, lesen Sie Anhang B.
10 Eine Übersicht über die fünf Buddha-Familien und ihre Eigenschaften finden Sie in Anhang C auf Seite 211f.
11 Trungpa 1989.
12 Trungpa 1968.
13 Vgl. Trungpa/Fremantle 2020.
14 Ebd.
15 Vgl. Chödrön 2001.
16 Trungpa/Fremantle 2020.
17 Für mehr Bodhichitta-Praktiken siehe mein Buch *Geh an die Orte, die du fürchtest.*
18 Eine ausführlichere Erläuterung dieses Themas finden Sie in meinem Buch *Das Unwillkommene willkommen heißen*, Kap. 19 »Von unseren Lehrern lernen«.
19 Eine Abbildung der sechs Bereiche des Samsara findet sich in Anhang C auf Seite 213.
20 Trungpa/Fremantle 2020.

21 Beachten Sie, dass es unterschiedliche Traditionen gibt, die sich im Hinblick auf die Farben und die anderen mit den jeweiligen Buddha-Familien assoziierten Attribute unterscheiden.

22 Der Neuroseaspekt kann in seinen Weisheitsaspekt (oder Erleuchtungsaspekt) umgewandelt werden.

Literaturverzeichnis

Anam Thubten. *A Sacred Compass: Navigating Life Through the Bardo Teachings.* Dharmata Foundation, Point Richmond, CA 2020.

Anyen Rinpoche. *Dying with Confidence: A Tibetan Buddhist Guide to Preparing for Death.* Wisdom Publications, Boston 2014.

Chödrön, Pema. *Wenn alles zusammenbricht: Hilfestellung für schwierige Zeiten.* Goldmann, München 2001.

Chödrön, Pema. *Geh an die Orte, die du fürchtest: Buddhas Weg zu Furchtlosigkeit in schwierigen Zeiten.* Arbor, Freiburg 2002.

Chödrön, Pema. *Das Unwillkommene willkommen heißen: Mit offenem Herzen Verletzungen, Traumata und Ängste überwinden.* Arkana, München 2020.

Chögyam Trungpa. *Das Jetzt im Strom der Zeit. Von den sechs Daseinszuständen im Buddhismus.* O. W. Barth, München 2015.

Chögyam Trungpa. *Sadhana Of Mahamudra.* Taktsang 1968.

Chögyam Trungpa. *Shambhala: The Sacred Path of the Warrior.* Shambhala Publications, Boston 1984.

Chögyam Trungpa. *Feuer trinken, Erde atmen: Die Magie des Tantra.* Rowohlt, Reinbek 1989.

Chögyam Trungpa, Francesca Fremantle (Hg.). *Das Totenbuch der Tibeter.* Diederichs, München 2020.

Dzogchen Ponlop. *Emotionale Befreiung. Wie wir Stress in Lebenskraft umwandeln.* Knaur MenSana TB, München 2021.

Dzogchen Ponlop. *Der Geist überwindet den Tod.* Theseus, Stuttgart 2009.

Dzongsar Jamyang Khyentse. *Leben ist Sterben. Wie wir uns auf das Sterben, den Tod und darüber hinaus vorbereiten können.* Manjughosha Edition, Berlin 2021.

Fremantle, Francesca. *Luminous Emptiness.* Shambhala, Boston 2003.

Holecek, Andrew. *Preparing to Die.* Snow Lion, Boston 2013.

McLeod, Ken. *Leiden verwandeln, Glück schenken. 37 Übungen für das Auf und Ab des Lebens.* Edition Steinrich, Berlin 2019.

McLeod, Ken. *Wake Up to Your Life: Discovering the Buddhist Path of Attention.* Harper San Francisco, San Francisco 2002.

Ringu Tulku. *Mind Training.* Snow Lion Publications, Ithaca, NY 2007.

Saunders, George. *Lincoln im Bardo.* Luchterhand, München 2018.

Sogyal Rinpoche. *Das tibetische Buch vom Leben und vom Sterben.* Knaur MensSana, München 2020.

Thich Nhat Hanh. *The Pocket Thich Nhat Hanh.* Shambhala, Boston 2012.

Tulku Thondup. *Friedliches Sterben – glückliche Wiedergeburt: Ein tibetisch-buddhistisches Handbuch.* Windpferd, Aitrang 2008.

Yongey Mingyur, Helen Tworkov. *Auf dem Weg. Eine Reise zum wahren Sinn des Lebens.* btb Verlag, München 2019.

Sachregister